A (IN)COMPATIBILIDADE DOS SMART CONTRACTS À LUZ DA TEORIA DO DIREITO NEGOCIAL

M152   Maciel Filho, Pedro Alberto Alves
2023   A (In)Compatibilidade dos Smart Contracts à Luz da Teoria do Direito Negocial/
             Pedro Alberto Alves Maciel Filho.
             Seattle: Independently Published, 2023.
           174 p.; 15,24cm x 22,86cm.

           ISBN: 979-8853507-77-7

           DOI: 10.5281/zenodo.8179313

             1. Direito. 2. Direito Contratual. 3. Direito Digital. 4. Direitos Fundamentais.
           I. Título. II. Maciel Filho, Pedro Alberto Alves.

                                                             CDD: 342.144 / CDU: 347.44

A (IN)COMPATIBILIDADE DOS SMART CONTRACTS À LUZ DA TEORIA DO DIREITO NEGOCIAL

PEDRO ALBERTO ALVES MACIEL FILHO

A (In)Compatibilidade dos Smart Contracts à Luz da Teoria do Direito Negocial

2023 © Associação Guimarães de Estudos Jurídicos

Autor: Pedro Alberto Alves Maciel Filho

Prefácio: Caio Augusto Souza Lara

Presidente	Clayton Douglas Pereira Guimarães Glayder Daywerth Pereira Guimarães
Vice-presidente	Érica Melícia da Silva Silveira Sarah Batista Santos Pereira
Diretor Adjunto	Caio César do Nascimento Barbosa

Associação Guimarães de Estudos Jurídicos

Seattle – U.S.
Email: contato.agej@hotmail.com
Website: agej.com.br
Instagram: @agej.oficial

*"Writing is a lonely job. Even if a writer socializes regularly,
when he gets down to the real business of his life, it is he and
his typewriter or word processor. No one else is or can be
involved in the matter".*

– Isaac Asimov
Foundation (1951)

AGRADECIMENTOS

Expresso minha gratidão a Deus, e por tudo o que dele emanou.

É com grande satisfação que apresentamos este livro que se dedica a explorar a intrigante temática dos *smart contracts*, códigos de computador que se assemelham aos contratos tradicionais, mas se destacam por sua notável característica de autoexecução, podendo ser estruturados em ambientes descentralizados, como a blockchain. Ao longo das páginas seguintes, o mestre Pedro Alberto Alves Maciel Filho conduz o leitor por uma jornada de reflexão sobre a natureza jurídica desses instrumentos inovadores e suas implicações no âmbito do Direito Negocial numa sociedade cada vez mais conectada.

A obra, construída em sua pesquisa na tradicional Universidade Estadual de Londrina, representa uma significativa contribuição para o campo científico do Direito, especialmente no que diz respeito às implicações jurídicas dos *smart contracts*. O autor, de forma minuciosa e embasada, abordou aspectos fundamentais sobre essa inovadora tecnologia, apresentando uma análise detalhada dos *smart contracts*.

Na era do *big data*, a discussão acerca da natureza jurídica dos *smart contracts* foi conduzida com maestria, revelando que, embora a expressão "contratos inteligentes" sugira um grau de inteligência artificial, essas ferramentas são, na verdade, linguagens de computador que materializam acordos de vontades e podem ser autoexecutados através da lógica computacional. Ao se concentrar nos aspectos práticos e funcionais, o pesquisador desvelou a dinamicidade proporcionada por essa tecnologia disruptiva, apontando sua capacidade de transformar as contratações em ambientes virtuais.

Um ponto de destaque na obra é a classificação dos *smart contracts* em centralizados e descentralizados, o que permitiu compreender as diferenças substanciais em relação ao seu funcionamento. Essa classificação representa um avanço significativo, pois muitos estudos anteriores negligenciaram a importância dessa distinção. O autor demonstra claramente que os *smart contracts* centralizados estão suscetíveis à intervenção jurisdicional, enquanto os descentralizados, imersos em ecossistemas descentralizados, apresentam desafios inéditos no que se refere à tutela jurisdicional.

Além disso, a obra abordou a compatibilidade dos *smart contracts* com a Teoria do Direito Negocial, adotando uma abordagem dedutiva e um método de procedimento que incluiu a análise bibliográfica e documental. A conclusão acerca da compatibilidade dos *smart contracts* com a teoria contratual é consistente, uma vez que, ao preencherem os requisitos e pressupostos do negócio jurídico, esses contratos automatizados podem ser enquadrados como uma espécie de contrato eletrônico. A argumentação é embasada e bem estruturada, conferindo solidez às conclusões apresentadas.

A abordagem dos *smart contracts* frente a ordenamentos jurídicos de diferentes países e projetos de lei é relevante para compreender as tendências regulatórias globais. A comparação com Estados Unidos, União Europeia e Brasil permite uma visão abrangente das perspectivas normativas em relação a essa tecnologia. A constatação da tendência em equiparar os *smart contracts* aos contratos propriamente ditos em diversos países reforça a relevância do tema e aponta para uma possível harmonização regulatória em escala internacional.

Em suma, a obra representa uma análise aprofundada e crítica dos *smart contracts*, suas implicações legais e potenciais aplicações em diferentes contextos. O autor soube conduzir o leitor por uma jornada de reflexão jurídica, que permite compreender o caráter peculiar e inovador desses contratos automatizados. Ao concluir que os *smart contracts* representam uma evolução dos contratos tradicionais, o autor oferece uma perspectiva otimista para o futuro das relações negociais no âmbito virtual, tornando este livro uma leitura necessária para juristas, acadêmicos e profissionais interessados em acompanhar as mudanças tecnológicas e suas implicações no Direito.

Belo Horizonte, julho de 2023.

Caio Augusto Souza Lara

Graduado, Mestre e Doutor em Direito pela Faculdade de Direito da Universidade Federal de Minas Gerais - UFMG
Residência Pós-doutoral no Programa de Pós-graduação em Direito da UFMG - CAPES 7
Professor Substituto de Teoria do Estado na Faculdade de Direito da UFMG
Professor da SKEMA Business School Brasil - Membro do Núcleo Docente Estruturante e Coordenador de Pesquisa

X

*Professor da Escola Superior Dom Helder Câmara - Coordenador do Grupo de Iniciação
Científica de Direito e Tecnologia
Membro da Diretoria do Conselho Nacional de Pesquisa e Pós-graduação em Direito - CONPEDI
Advogado - Membro da Comissão de Direito e Inteligência Artificial da Seção Minas Gerais da
Ordem dos Advogados do Brasil
Membro da MENSA – Sociedade internacional de alto QI e pessoas com altas habilidades*

NOTA DE APRESENTAÇÃO

Esta obra resulta da minha dissertação, fruto do programa de Mestrado em Direito Negocial da Universidade Estadual de Londrina (UEL). O objetivo deste livro trata-se de investigar a (in)compatibilidade dos *smart contracts* à luz da teoria do Direito Negocial. Indagando se os mesmos se tratam de negócios jurídicos *sui generis* ou de uma evolução ao contrato propriamente dito.

Cabe esclarecer que os *smart contracts* (em tradução literal, contratos inteligentes) na realidade não são tão inteligentes como o nome infere, tratando-se de códigos de computador que se utilizam de silogismos hipotéticos em sua programação para criar e auto executar acordos de vontades.

Uma das grandes inovações da presente obra trata-se da classificação dos *smart contracts* em *smart contracts* centralizados e *smart contracts* descentralizados. Tal classificação possibilita ao leitor a percepção de que nem todo *smart contract* é igual ao outro, tanto em sua compreensão tecnológica quanto em seus possíveis efeitos jurídicos.

Nesse contexto, o livro traz um panorama completo quanto ao vislumbre do *smart contract* e sua (in)compatibilidade à luz da teoria do Direito Negocial, utilizando-se de conhecimentos extremamente atuais de autores contemporâneos, bem como mantendo uma base jurídica sólida, por meio de autores clássicos consagrados na doutrina.

Por fim, é importante ressaltar a relevância do estudo do *smart contract*, uma vez que este se trata de uma inovação que, notoriamente, traz reflexos ao Direito. Logo, o jurista não deve permanecer inerte, mas sim buscar compreendê-lo por meio de um diálogo interdisciplinar, abrangendo tanto o Direito quanto a Tecnologia (sem prejuízo da interação com outras áreas do conhecimento).

Isto posto, convido o leitor que busca acompanhar a dinamicidade que a Tecnologia causa no Direito a imergir nas páginas seguintes, que

tratam de um assunto extremamente atual e que cada vez mais fará parte
do cotidiano de nossa sociedade.

LISTA DE FIGURAS

SUMÁRIO

1   INTRODUÇÃO

Um dos papéis do Estado ao longo da história foi o de conferir segurança ao seu povo, principalmente na seara contratual, haja vista as necessidades de se estabelecer relações econômicas. Todavia, com o desenvolvimento da tecnologia, surgem ferramentas com o potencial teórico de conferir segurança a negócios entre particulares, afastando-se da égide estatal. Tal tecnologia tratam-se dos *smart contracts* (em tradução literal, contratos inteligentes), que em resumo, são mecanismos que se assemelham a contratos, sendo autoexecutáveis e com os termos do acordo escritos diretamente em linhas de código de computadores.

No entanto, os *smart contracts* em sua modalidade descentralizada (associada a *blockchain*) trazem a possibilidade de exprimir efeitos mesmo estando dissonantes com a Teoria do Direito Negocial. Além disso, tais efeitos não poderiam ser cessados (em regra) pelo judiciário, em razão tecnologia da *blockchain*, que é um sistema que compartilha informações entre vários pontos distribuídos. Ou seja, por meio dos smart *contracts* descentralizados, surge a possibilidade da produção de efeitos que não deveriam ser produzidos (em razão da dissonância com a teoria do Direito Negocial) e que não poderiam ser cessados (em regra) pelo judiciário.

Deste modo, o problema se manifesta em decorrência do surgimento dos *smart contracts*, que indubitavelmente trazem o questionamento de sua compatibilidade perante a teoria do Direito Negocial em razão de seu caráter peculiar e inovador. Portanto, questiona-se: Tal inovação se trata de um negócio jurídico *sui generis* ou de uma evolução do contrato?

Tem-se como hipótese, que os *smart contracts* são compatíveis com a teoria do Direito Negocial, sendo considerados como uma evolução do contrato, haja vista que podem preencher os pressupostos e requisitos da teoria Contratual. Desta forma, o presente estudo pretende demonstrar a compatibilidade dos *smart contracts* com a teoria do Direito Negocial, sendo estes considerados como uma evolução dos contratos.

No tocante ao método de abordagem, será utilizado o método dedutivo, partindo de uma hipótese que é considerada como verdadeira e, a partir disso, aplicando regras de inferência lógica, proveniente de premissas gerais para premissas específicas, de modo a verificar a hipótese posta. E, como método de procedimento, será utilizado o modelo prático normativo, por meio da análise bibliográfica e documental.

O primeiro capítulo investigará a origem dos *smart contracts*, bem como seu conceito para, em seguida, diferenciá-los da figura dos *ricardian contracts*. Posteriormente, o capítulo analisará as duas espécies de *smart contracts*, a saber: a) os *smart contracts* centralizados e, b) os *smart contracts descentralizados*. Por fim, será realizado um panorama (não exaustivo) das implementações práticas dos *smart contracts* em três áreas: imobiliária, financeira e logística.

O segundo capítulo irá analisar os *smart contracts* sob a ótica da evolução do Direito Negocial. Para tanto, será visitado o paradigma clássico do Direito Negocial, posteriormente o paradigma moderno, bem como o paradigma pós-moderno. Ao final, será verificado se os *smart contracts* podem ou não serem considerados negócios jurídicos.

O terceiro capítulo irá realizar a compreensão do *smart contract* à luz da Teoria Contratual, iniciando pela análise da Escada Ponteana (plano da existência, validade e eficácia), em seguida das hipóteses da violação da Escada Ponteana (inexistência, invalidade e ineficácia) e posteriormente sob a ótica de sua auto execução, autotutela e tutela jurisdicional. Ao final, será analisado natureza jurídica dos *smart contracts*, em especial, investigando se os *smart contracts* possuem a natureza jurídica de contrato, isto é, se os mesmos se tratam ou não de contratos propriamente ditos.

Por fim, no quarto capítulo ocorrerá uma visão dos *smart contracts* frente a alguns ordenamentos jurídicos e projetos de lei, a saber: a) ao ordenamento jurídico dos Estados Unidos, b) da União Europeia e c) do Brasil. Tal panorama tem como finalidade observar as tendências ao que se referem ao tema no que diz respeito a tais ordenamentos.

Destaca-se que a pesquisa se insere no Mestrado em Direito Negocial e na linha de pesquisa sobre Relações Negociais no Direito Privado, na medida em que os *smart contracts* dizem respeito às relações negociais no âmbito entre particulares. Isto posto, o estudo dos *smart contracts* e sua (in)compatibilidade à teoria do Direito Negocial contribui especialmente na compreensão das novas relações negociais utilizando-se de ferramentas tecnológicas, a saber: o *smart contract* e o seu ecossistema. Tendo em vista que, os institutos jurídicos evoluem com o tempo, faz-se extremamente necessário compreender as inovações, isto pois, o jurista não deve ficar inerte em relação aos avanços tecnológicos.

Por fim, tem-se como expectativa que os *smart contracts* sejam verificados como compatíveis com a teoria do Direito Negocial, sendo considerados como uma evolução dos contratos, em razão da possibilidade de estarem consoantes à Teoria Contratual.

2   SMART CONTRACT

Smart contracts referem-se a um termo em inglês, que em tradução literal significa "contratos inteligentes". Embora recebam a nomenclatura de inteligentes, na prática são meramente linguagens de computador (códigos) que formam acordos de vontades que serão realizados de maneira autoexecutável, cujo teor (condições) fora previamente estabelecido no sistema.

Superada esta breve introdução sobre o tema, no presente capítulo será investigado a origem dos *smart contracts,* a fim de compreender o sentido originário de tal criação. Em seguida, será realizado sua conceituação, de forma utilitária ao Direito, a fim de que tal figura tecnológica possa ser analisada posteriormente (ao longo do trabalho) à luz da Teoria do Direito Negocial. Na sequência, ocorrerá a diferenciação da figura dos *ricardian contracts* com a figura dos *smart contracts*, isto, em razão de algumas semelhanças que tais tecnologias compartilham. Vale destacar que, embora apresentem tais semelhanças, torna-se importante frisar que ambas possuem diferenças substanciais, as quais serão elencadas em momento oportuno. Posteriormente, será analisado as duas espécies de *smart contracts,* a saber: a) os *smart contracts* centralizados e b) os *smart contracts* descentralizados, isto pois, os *smart contracts* se subdividem em tais roupagens em razão de possuírem características que os distinguem, sendo necessário tal classificação para a devida compreensão. Por fim, será realizado um panorama (não exaustivo) das implementações dos *smart contracts* na área imobiliária, financeira e logística, a fim de compreender a atuação de tal inovação na realidade fática.

2.1   Origem

O termo *smart contract* foi utilizado pela primeira vez em 1996 por Nick Szabo[1] no artigo intitulado *"Smart contract: Building Blocks*

---

[1] SZABO, Nick. ***Smart contract***: *Building Blocks for Digital Markets*. Amsterdã: *Phonectic Sciences*, 1996. Disponível em: https://www.fon.hum.uva.nl/rob/Courses/InformationInSpeech/CDROM/Liter

for Digital Markets". Neste artigo, Nick Szabo inicia abordando a importância dos contratos na sociedade, de forma que estes possuem tanto aplicações pessoais (como é o caso de contratos que versam sobre o regime de casamento), quanto aplicações relacionadas à negócios (como os contratos de compra e venda).

No artigo em questão, Nick Szabo[2] atribui como foco as relações comerciais, vez que, segundo o autor, o contrato "[...] aplicado por um governo ou não, é o alicerce básico de uma economia de livre mercado."

Posteriormente, o autor traz a reflexão de como a revolução digital está radicalmente alterando a forma que os seres humanos se relacionam, e ainda questiona se é necessário manter a tradição jurídica (contratos clássicos), neste ainda inexplorado cenário do ciberespaço, criado pela própria revolução digital.[3]

A respeito do termo revolução, Klaus Schwab[4] esclarece que:

> [...] a revolução é uma mudança abrupta e radical. Revoluções vêm ocorrendo ao longo da história quando novas tecnologias e novas formas de perceber o mundo desencadeiam uma profunda mudança nos sistemas econômicos e estruturas sociais.

Sobre a revolução digital, esta é marcada pela difusão da internet, uma vez que tudo está conectado, há acesso à dados que geram conhecimentos que antes a sociedade não tinha acesso, tal como o paradeiro em tempo real de ônibus, o nível de gás metano de uma mina

---

Ature/LOTwinterschool2006/szabo.best.vwh.net/smart_contracts_2.html. Acesso em: 1 abr. 2023. n.p.

[2]Tradução nossa, Original: *"Whether enforced by a government, or otherwise, the contract is the basic building block of a free market economy."* *In*: SZABO, op. cit., n.p..

[3]Ibidem.

[4]SCHWAB, Klaus. *The Fourth Industrial Revolution*. 1 ed. Suíça: World Economic Forum, 2016. p. 11. Tradução nossa. Original: *"[...] revolution is an abrupt and radical change. Revolutions have occurred throughout history when new technologies and novel ways of perceiving the world trigger a profound change in economic systems and social structures. Given that history is used as a frame of reference, the abruptness of these changes may take years to unfold."*

subterrânea, dados sobre temperatura de diversos locais em tempo real, etc..[5]

Além do fenômeno da conexão causada pela internet, também cabe destacar a velocidade em que isso ocorre, vez que de forma instantânea é possível que haja fluição de informações em qualquer local do mundo por meio da rede mundial de computadores, dando origem ao conceito de ciberespaço.

Sobre o ciberespaço cabe citar Pierre Lévy[6], que o define como sendo: "[...] um espaço de comunicação aberto pela interconexão mundial de computadores e das memórias dos computadores."

Retomando a origem dos *smart contracts*, Nick Szabo[7] afirma que por meio da revolução digital (que proporcionou a criação do ciberespaço) faz-se possível o surgimento dos *smart contracts*, que:

> [...] são muito mais funcionais do que seus ancestrais inanimados baseados em papel. Nenhum uso de inteligência artificial está implícito. Um contrato inteligente é um conjunto de promessas, especificadas em formato digital, incluindo protocolos dentro dos quais as partes cumprem essas promessas.

Deste modo, a ideia simplificada dos *smart contracts* é a de viabilizar um ajuste de vontade, que será autoexecutado por meio de um *hardware*[8] e um *software*[9], de uma forma que se torne caro, ou até mesmo impossível a quebra de tal acordo.

Nick Szabo[10] traz como exemplo ancestral de um *smart contract* as máquinas automáticas de vendas (*vending machines*) no qual, embora

---

[5] SIDHU, Inder; DOYLE, T.C. **The Digital Revolution**: *How Connected Digital Innovations Are Transforming Your Industry, Company & Career*. Nova Jersey: Pearson Education, 2016. P. 11.

[6] LÉVY, Pierre. **Cibercultura**. 1 ed. São Paulo: Editora 34, 1999. p. 92.

[7] SZABO, op. cit., n.p. Original: "[…] *far more functional than their inanimate paper-based ancestors. No use of artificial intelligence is implied. A smart contract is a set of promises, specified in digital form, including protocols within which the parties perform on these promises*.".

[8] O termo *hardware* faz alusão a componentes físicos (reais) de um computador ou outro sistema eletrônico.

[9] Por *software* compreende-se as informações operacionais (códigos de programação) usadas por um computador ou um sistema eletrônico.

[10] SZABO, op. cit., n.p.

ausentes de intermediários, ocorre algo semelhante a um *smart contract*, isto pois, os contratantes inserem valores na máquina (cédulas, moedas, cartões, dentre outros meios de pagamento), posteriormente, informam (por meio de botões físicos do equipamento*)* qual (quais) produto(s) desejam, e ao final, a máquina (que figura o polo de contratada) autoexecuta o pedido, entregando ao cliente (que figura o polo de contratante) o produto escolhido.

Ou seja, nota-se neste exemplo, que a relação entre o contratante (pessoa que está realizando a compra de algum produto na máquina automática) e o contratado (máquina que está oferecendo o serviço) ocorre de forma automática, isto é, as opções de produtos e quantidades estão dispostas em um visor para que o contratante realize a escolha, e uma vez realizado tal escolha, o acordo se auto executa independente da intervenção de terceiros, vez que este acordo fora programado junto a máquina, que irá autoexecutá-lo por meio de seu *software* em conjunto com seu *hardware*.

Em sua origem, os *smart contracts* foram criados no intuito de serem uma ferramenta capaz de reduzir os custos de execução de alguns tipos de contratos (e também criar novos modelos de negócios), haja vista a dificuldade ou até mesmo em alguns casos (que serão abordados ao longo do texto), a impossibilidade de sua quebra.[11]

Por fim, é apontado por Nick Szabo[12] que a criação dos *smart contracts* removeria a necessidade de confiança entre as partes, que ao contrário do contrato tradicional, não necessitaria de uma confiança mútua, vez que a confiança estaria no próprio código que autoexecuta o acordo de vontade.

2.2 Conceito

Antes de abordar o conceito de *smart contract*, faz-se necessário mencionar a figura dos *e-contracts*.

E-contracts podem ser compreendidos como:

---

[11]Ibidem.
[12]Ibidem.

> [...] um termo amplo que abrange quaisquer contratos que possam ser manipulados ou processados por sistemas de computador, por exemplo, por meio de troca de e-mails ou por meio de sites. Em sentido mais específico, o termo e-contract é utilizado para representações de contratos que incluem partes computáveis, como campos de dados, regras e similares.[13]

Tal figura dos *e-contracts* são conhecidas pela doutrina nacional como contratos eletrônicos, que, por sua vez, são conceituados como "[...] negócios jurídicos bilaterais que utilizam o computador como mecanismo responsável pela formação e instrumentalização do vínculo contratual".[14]

Tarcisio Teixeira[15] adverte que, embora parte da doutrina se utilize do termo *contrato eletrônico*, há outra parte que se utiliza de outras expressões, como *contratos de comércio eletrônico* (como é o caso de Cláudia Lima Marques) e *contratos por meio eletrônico* (como é o caso de Maurício de Souza Matte).

Ademais, Tarcisio Teixeira[16] esclarece que contratos eletrônicos e contratos informáticos não se tratam de sinônimos, isto pois, o contrato informático é o que tem por objeto o equipamento ou o serviço de informática, incluindo o desenvolvimento, a venda e a distribuição de *hardware* ou *software*, dentre outros bens ou serviços relacionados. Já o contrato eletrônico trata-se daquele que tem na sua forma a peculiaridade da contratação ser realizada por meio da informática.

---

[13]Original: "[...] *an umbrella term covering any contracts that can be handled or processed by computer systems e.g., through exchanges of e-mails or through websites. In a more specific sense, the term e-contract is used for representations of contracts that include computable parts, such as data fields, rules and similar."In* GOVERNATORI, Guido; RIVERET, Regis; SARTOR, Giovanni. On *Legal Contracts, Imperative and Declarative Smart contract, and Blockchain Systems.* **Artificial Intelligence and Law**. v. 26, n. 4, 5 mar. 2018. p. 377-400. Disponível em: https://link.springer.com/article/10.1007/s10506-018-9223-3. Acesso em: 10 mar. 2023. p. 8.

[14]BARBAGALO, Érica Brandini. **Contratos eletrônicos:** contratos formados por meio de redes de computadores: peculiaridades jurídicas da formação do vínculo. São Paulo: Saraiva, 2001. 100 p. p.35.

[15]TEIXEIRA, Tarcisio. **Direito Digital e Processo Eletrônico**.7. ed. São Paulo: SaraivaJur, 2023. 816 p. p. 319.

[16]Ibidem.

Sendo assim, os *smart contracts* (que serão vistos a seguir) estão dentro da classificação de contrato eletrônico (*e-contract*), isto é, todo *smart contract* (se preenchido os requisitos do contrato) pode se tratar de um contrato eletrônico, mas nem todo contrato eletrônico é um *smart contract*.

Adentrando ao conceito de *smart contract*, este originalmente não foi criado em observância da tecnicidade jurídica, logo, o termo "*contract*" (que em tradução literal significa contrato) utilizado para se referir a tal tecnologia, não deve ser automaticamente compreendido como um contrato no sentido jurídico, isto pois, pairam-se dúvidas acerca de sua compreensão como contrato, dúvidas estas que fazem parte dos pontos centrais da investigação da presente dissertação.

Deste modo, um *smart contract* trata-se de:

> [....] um acordo cuja execução é automática e exigível. Sendo automatizado por computador, embora algumas partes possam exigir inserção e controle humano. É exigível por execução legal de direitos e obrigações ou execução inviolável por hardware.[17]

Isto posto, os *smart contracts* tratar-se-iam de códigos de computador capazes de controlar objetos físicos e digitais necessários para a execução do acordo de vontades.[18]

Como uma tentativa de conceituar de forma jurídica Max Raskin[19] diferencia os *smart contracts* em fortes e fracos:

---

[17]Tradução nossa. Original: "[...] *an agreement whose execution is both automatable and enforceable. Automatable by computer, although some parts may require human input and control. Enforceable by either legal enforcement of rights and obligations or tamper-proof execution.*" In: CLACK, Christopher; BAKSHI, Vikram; BRAINE, Lee. **Smart Contract Templates**: *foundations, design landscape and research directions*. Londres: Bank PLC, 2016. Disponível em: https://arxiv.org/pdf/1608.00771v2.pdf. Acesso em: 1 abr. 2023. 15 p. p. 2.

[18]RASKIN, Max. *The law and legality of smart contract. In:* **Georgetown Law Technology Review**, Washington, v.1, n.2, p. 305-326, mar. 2017. Disponível em: https://georgetownlawtechreview.org/wp-content/uploads/2017/05/Raskin-1-GEO.-L.-TECH.-REV.-305-.pdf. Acesso em: 1 de abr. de 2023. p. 310.

[19]Tradução nossa. Original: "*Strong smart contract have prohibitive costs of revocation and modification, while weak smart contract do not. This means that*

> *Smart contracts* fortes têm custos elevados (proibitivos) para revogação e modificação, enquanto *smart contracts* fracos não. Isso significa que, se um tribunal for capaz de alterar um smart contract depois de executado com relativa facilidade, ele será definido como um smart contract fraco. Se houver algum grande custo para alterá-lo de uma forma que não faria sentido para um tribunal fazê-lo, o contrato será definido como forte.

Além disso, Max Raskin[20] leciona que não foi o primeiro a tentar conceituar os *smart contracts* de forma jurídica, pois, autores como Christopher Clack, Vikram Bakshi e Lee Braine realizaram tal tentativa por meio de uma bifurcação entre *smart contracts* executados por métodos tradicionais e *smart contracts* executados por métodos não tradicionais.

Os métodos tradicionais seriam os executados nas instituições jurídicas, tal como os contratos executados nos tribunais (incluindo tribunais arbitrais), já os não tradicionais seriam os que se utilizam somente de *softwares* e *hardwares* para sua execução, no qual seu descumprimento seria dificultoso ou até mesmo impossível.[21]

Além disso, cabe mencionar que os *smart contracts* são divididos em seu funcionamento em quatro fases, a saber: a) criação, b) implementação, c) execução e d) conclusão.

Na fase de criação, os *smart contracts* terão seus direitos, obrigações e proibições definidas (de forma bilateral ou unilateral), e posteriormente serão obrigatoriamente convertidas para linguagem de computador.[22]

---

if a court is able to alter a contract after it has been executed with relative ease, then it will be defined as a weak smart contract. If there is some large cost to altering the contract in a way that it would not make sense for a court to do so, then the contract will be defined as strong." In: Ibidem.

[20]Ibidem.

[21]Ibidem.

[22]ZHENG *et al. An overview on smart contract: Challenges, advances and platforms.* **Future Generation Computer Systems**, Amsterdam, v.105, n; p. 475-491, abr. 2020. Disponível em: https://www.sciencedirect.com/science/article/abs/pii/S0167739X19316280. Acesso em: 1 abr. 2023. p. 3.

Já na fase de implementação, os *smart contracts* serão implementados tecnicamente em plataformas, para que a linguagem de computador anteriormente criada possa fluir em ambiente digital[23].

A fase da execução, trata-se do momento que a programação dos *smart contracts* será auto executada, no qual as cláusulas contratuais (previamente definidas) estão sendo monitoradas e executadas sem a intervenção de terceiros pelo próprio sistema no qual fora implementada.[24]

Por fim, a fase de conclusão trata-se do momento em que a programação se exauriu, ou seja, a programação atingiu o seu fim. Como exemplo, tem-se a transferência de dinheiro do comprador para o fornecedor quando, por meio da verificação automática do sistema, certificou-se que determinados produtos foram entregues, assim, finalizando o ciclo de vida do *smart contracts* em questão[25].

Caminhando para uma reflexão de forma utilitária ao Direito, cabe deixar claro que os *smart contracts* não são tão inteligentes como o nome infere, de forma que eles (os *smart contracts*) seguem uma programação (código) que realiza funções, como, o pagamento de um valor fruto de uma obrigação de compra e venda.[26]

A respeito da programação dos *smart contracts*, estes se utilizam da lógica "*if-then*", também conhecida como condicionais ou silogismos hipotéticos, na qual são criadas as hipóteses antecedentes (conhecidas como antecedentes), que caso confirmadas, ou mesmo falseadas trazem consequências (nomeadas de consequentes).[27]

Ou seja, embora os *smart contracts* recebam o nome de contratos inteligentes, o que ocorre de fato é apenas a aplicação de uma lógica computacional para executar ações (pré-estabelecidas no acordo), não

---

[23]Ibidem.

[24]Ibidem.

[25]Ibid. p. 4.

[26]KERIKMÄE, Tanel; RULL, Addi. *The Future of Law and e Technologies*. *In*: KOLVART, Merit; POOLA, Margus; RULL, Addi. **Smart contract**. Nova Iorque: Springer, 2016. p. 133-147. p. 135.

[27]WILSON, David Carl. *A guide to good reasoning*: *Cultivating Intellectual Virtues*. Minesota: Libraries, 2020. Disponível em: https://open.lib.umn.edu/goodreasoning/. Acesso em: 01 de abr. de 2023. p. 221.

havendo (nos moldes atuais dos *smart contracts*) nenhum processo decisório por parte de inteligências artificiais.

Faz-se possível observar tal lógica em atitudes do cotidiano, tal como a compreensão da dinâmica de um semáforo, na qual, quando o mesmo sinaliza a cor vermelha, faz com que os carros deixem de transitar. Logo, o sinal ficar vermelho (antecedente), traz a consequência que os carros parem de trafegar na via (consequente).

Haja vista a lógica condicional utilizada pelos *smart contracts*, estes quando analisados de perto, podem ser definidos como "[...] códigos, algoritmos e definições complexas".[28]

Logo, os *smart contracts* podem ser compreendidos como:

> [...] a "tradução" para a linguagem de código de computador da linguagem jurídica trivial a um contrato, com a pretensão de verificar automaticamente a ocorrência de certas condições pré-estabelecidas pelas partes e executar ações automaticamente, igualmente pré-ajustadas, sempre que as condições contratuais determinadas entre as partes forem atingidas e verificadas. Converte-se o "juridiquês" para a linguagem de programação "o código".[29]

Em síntese, para se conceituar os *smart contracts* de forma útil ao Direito, deve-se levar em conta os aspectos técnicos de seu funcionamento, de modo que, os mesmos sejam compreendidos inicialmente como acordos cuja vontade fora externada por meio de *hardwares*, no qual as cláusulas são expressas em linguagem de computador (código), que tornam viável uma autoexecução sem a intervenção de terceiros, ou seja, uma autoexecução realizada pelo próprio sistema (*software*).

---

[28]TALAMINI, Eduardo; CARDOSO, André Guskow. *Smart contract*, "Autotutela" e Tutela Jurisdicional. *In*: BELLIZE, Marco Aurélio (coord.); MENDES, Aluísio Gonçalves de Castro (coord.); ALVIM, Teresa Arruda (coord.); CABRAL, Trícia Navarro Xavier (coord.). **Execução Civil**: novas tendências. 1 ed. Indaiatuba: Editora Foco, 2022. 840 p. p. 165.

[29]TEIXEIRA, Tarcisio; RODRIGUES, Carlos Alexandre. **Blockchain e criptomoedas**: aspectos jurídicos. 3. ed. Salvador: Editora JusPodivm, 2022. 320 p. p. 132.

Deste modo, ao longo do texto será investigado se tais acordos (vislumbrados no presente tópico) tratam-se de negócios jurídicos *sui generis* ou tratam-se de contratos propriamente ditos.

2.3   Diferenças entre ricardian contracts e smart contracts

Os *ricardian contracts* tratam-se de uma inovação concebida pelo programador Ian Grigg em seu artigo publicado em 1996, intitulado de "*The Ricardian Contract*"[30].

Tal tecnologia recebeu o nome de "*ricardian*" em homenagem ao economista David Ricardo, que defendia que os contratos deveriam ser realizados da forma mais clara e precisa possível.[31]

Adentrando a tal inovação, os *ricardian contracts* podem ser definidos como:

> [...] um documento único que é a) um contrato oferecido por um emissor aos detentores, b) um direito mantido pelos detentores e gerenciado pelo emissor, c) algo facilmente compreensível pelas pessoas (como um contrato no papel), d) compreensível por programas de computador (tal como um banco de dados), e) assinado digitalmente, f) com chaves criptográficas e informações do servidor, e g) aliado a uma assinatura (identificação) única e segura. Em termos mais simples, um *ricardian contract* é um documento que define valores que serão emitidos pela Internet. Por meio da identificação do emissor, sendo signatário, e os demais termos e cláusulas que o emissor julgue conveniente acrescentar para que o documento possa ser considerado como um contrato.[32]

---

[30]GRIGG, Ian. ***The Ricardian Contract***. 1996. Disponível em: https://iang.org/papers/ricardian_contract.html. Acesso em 1 abr. 2023. n.p.

[31]BYBIT. How are Ricardian Contracts Different From *Smart contract*? **ByBit Learn**. [S.l]: 3 dez. 2021.Disponível em: https://learn.bybit.com/defi/how-are-ricardian-contracts-different-from-smart-contracts/. Acesso em: 15 mar. 2023. n.p.

[32]Tradução nossa. Original: *"[...] as a single document that is a) a contract offered by an issuer to holders, b) for a valuable right held by holders, and managed by the issuer, c) easily readable by people (like a contract on paper), d) readable by programs (parsable like a database), e) digitally signed, f) carries the keys and server information, and g) allied with a unique and secure identifier. In the simplest possible terms, a Ricardian Contract is a document*

Adanela Musaraj[33] esclarece que os *ricardian contracts* são inicialmente idealizados no mundo real (estando em consonância com a teoria contratual do ordenamento ao qual estão inseridos), para logo após, serem digitalizados para a linguagem de programação, tornando-se *e-contracts*.

Os *ricardians contracts* trazem benefícios em relação aos *smart contracts* por serem originalmente criados no mundo real (logo, sendo considerados como contratos), além de serem vinculados a um ordenamento (juridicamente vinculativos), isto pois, derivam de um negócio jurídico (contrato) que fora criado em observância aos requisitos da Teoria Geral dos Contratos [34].

Em termos de diferenças entre os *ricardian contracts e smart contracts*, Ian Grigg[35] afirma que os *ricardian contracts* possuem natureza semântica (por serem originalmente concebidos de acordo com a Teoria Geral dos Contratos), já os *smart contracts* não possuem tal natureza, haja vista que se tratam puramente de códigos que autoexecutam comandos predefinidos.

Adanela Musaraj[36] afirma que a principal diferença entre os *ricardian contracts e smart contracts* trata-se que os *smart contracts* embora recebam o nome de contratos, não devem ser inferidos obrigatoriamente como contratos (haja vista a possibilidade de estarem dissonantes com a Teoria Geral dos Contratos), enquanto os *ricardians contracts* tratam-se necessariamente de contratos, pois, foram concebidos inicialmente no mundo real, levando em conta a Teoria Geral dos Contratos, e posteriormente foram transformados em códigos de computador para atuarem em ambiente digital.

---

defining a type of value for issuance over the Internet. It identifies the Issuer, being the signatory, and any terms and clauses the Issuer sees fit to add in to make the document stand as a contract.". In: GRIGG, op. cit., n.p.

[33]MUSARAJ, Adanela. **Ricardians Contracts**. 2022. Disponível em: https://me.eui.eu/adanela-musaraj/blog/ricardian-contracts/. Acesso em: 1 abr. 2023.

[34]Ibidem.

[35]GRIGG, op. cit., n.p.

[36]MUSARAJ, op. cit., n.p.

Figura 1 - Contratos Ricardianos

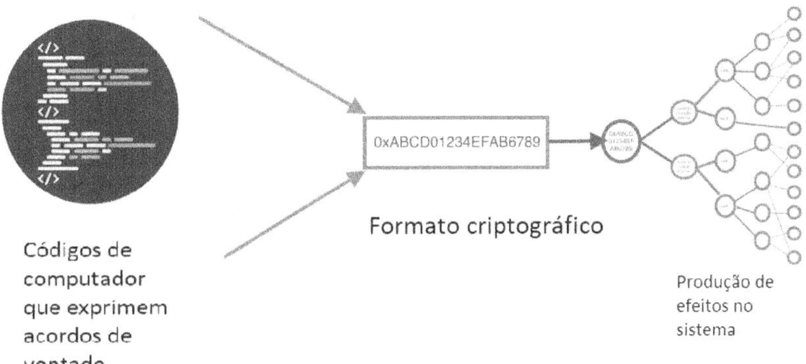

Fonte: Musaraj (2022, tradução nossa)

Nesse sentido, Adanela Musaraj[37] afirma que "[...] todos os *ricardians contracts* também são *smart contracts*. No entanto, nem todos os *smart contracts* são *ricardians contracts*.[38]

Em complemento ao +pensamento de Adanela Musaraj[39], tem-se que todo *ricardian contract* foi inicialmente um contrato tradicional, válido juridicamente perante ao ordenamento. Por outro lado, o *smart*

---

[37]Tradução nossa. Original: *"[...] all Ricardian contracts are also smart contract. However, smart contract are not Ricardian contracts"*. In: MUSARAJ, op. cit., n.p.

[38]Ibidem.

[39]Ibidem.

contract em razão de ter sido originalmente concebido em formato de códigos, não necessariamente preenche a validade jurídica perante ao ordenamento.

2.4 Espécies de smart contracts

Conforme já mencionado, as tentativas de se conceituar os *smart contracts* de forma utilitária ao Direito sempre esbarram na fase da execução (conhecida tecnicamente como auto execução), tal como ocorreu com Christopher Clack, Vikram Bakshi, Lee Braine e Max Raskin[40].

Isto posto, tal como nas tentativas anteriores de se conceituar os *smart contracts* de forma utilitária ao Direito, no presente trabalho também será necessário realizar uma bifurcação no conceito de *smart contract*, de modo que a presente investigação optou pela divisão dos *smart contracts* em duas espécies: a) os *smart contracts* centralizados e b) os *smart contracts* descentralizados.

2.4.1 Smart contracts centralizados

O conceito de *smart contracts* centralizados trata-se da tecnologia dos *smart contracts* de forma pura, isto é, sem a associação a nenhuma tecnologia descentralizada, como a *blockchain* ou outro sistema de contabilidade distribuída.

Neste sentido, cabe esclarecer que parte dos autores ao conceituarem os *smart contracts* acabam causando um grande equívoco aos leitores, em razão de pressuporem que todo *smart contract* utiliza-se da tecnologia da *blockchain*, o que não se trata de uma verdade.

Tem-se como exemplo de definição equivocada a realizada por Stuart Levi e Alex Lipton[41] que afirma que: "contratos inteligentes é um

---

[40]CLACK, et. al. op. cit., p. 2.

[41]Tradução nossa. Original: "*Smart contract is a term used to describe computer code that automatically executes all or parts of an agreement and is stored on a blockchain-based platform.*" *In:* LEVI, Stuart D.; LIPTON, Alex B. An Introduction to *Smart contract* and Their Potential and Inherent Limitations. In: **Harvard Law School Forum on Corporate Governance**. Disponível em:

termo usado para descrever o código de computador que executa automaticamente todo ou parte de um contrato e é armazenado em uma plataforma baseada em *blockchain*."

Todavia, faz-se possível vislumbrar *smart contracts* que não se utilizam da plataforma da *blockchain* (denominados no presente trabalho como *smart contracts* centralizados), como é o caso do smart contract firmado por meio do login com o Facebook em algum aplicativo (tal como o aplicativo do Spotify) que é "[...] um exemplo de contrato inteligente executado pelo Facebook, entre você e um aplicativo de terceiro, onde você troca suas informações pessoais para acesso, em um toque.".[42]

Em mesmo sentido, e de uma maneira mais palpável, observa-se um smart contract centralizado no momento em que uma pessoa opta por utilizar como forma de pagamento um cartão previamente cadastrado em uma corrida com o aplicativo da Uber. Nesta situação, o usuário cadastra seu cartão previamente e após o término da sua viagem com a Uber irá ocorrer uma autoexecução. Ou seja, o usuário cadastra seu cartão de crédito na plataforma da Uber, e após a corrida, independentemente de qualquer ação humana (seja do usuário ou de terceiros) ocorrerá o pagamento da viagem pelo cartão.

Isto pois, uma vez que o cartão foi cadastrado na plataforma, bem como a viagem foi concluída, não há nenhuma forma do usuário negar-se de realizar o pagamento para plataforma da Uber (embora seja possível pedir o estorno), logo, ocorre uma autoexecução do contrato pela própria plataforma da Uber.

Em suma, os *smart contracts* centralizados são compreendidos como códigos de computadores que executam uma programação em uma plataforma centralizada, na qual os comandos serão autoexecutados, ou

---

https://corpgov.law.harvard.edu/2018/05/26/an-introduction-to-smart-contracts-and-their-potential-and-inherent-limitations/. Acesso em: 15 fev. 2023.

[42]Tradução nossa. Original: "[...] *is an example of a smart contract run by Facebook, between you and a third-party app, where you trade your personal information for access, in one tap.*" In: BRENER, Demian. *Smart contract You Already Signed.* **OpenZeppelin**. [S. l], 22 jul. 2016. Disponível em: https://blog.openzeppelin.com/smart-contracts-you-already-signed-2930aee9dacc/. Acesso em: 1 abr. 2023. n. p.

seja, independe de uma atitude do contratante, ou mesmo do contratado, haverá a autoexecução pela plataforma, pois esta possui diretrizes (cláusulas) pré-estabelecidas em linguagem de programação.

2.4.2 *Smart contracts descentralizados*

Por sua vez, antes de adentrar aos *smart contracts* descentralizados, faz-se necessário realizar uma sucinta introdução a respeito das criptomoedas, que se constituem como base da descentralização, haja vista suas características econômicas que viabilizam a implementação dos *smart contracts* descentralizados.

O conceito de criptomoeda pode ser compreendido como:

> [...] um meio de troca digital, criptografado e descentralizado. Ao contrário do dólar americano ou do euro, não há autoridade central que gerencie e mantenha o valor de uma criptomoeda. Em vez disso, essas tarefas são amplamente distribuídas entre os usuários de uma criptomoeda por meio da Internet.[43]

Cabe ressaltar que o conceito de criptomoeda não se confunde com o conceito de moeda digital, vez que:

> A moeda digital é uma forma de moeda que existe apenas na forma digital, de outro vértice, a criptomoeda também é uma moeda digital, mas em um formato descentralizado. Requerendo criptografia e ausente de autoridade central para gerenciar seus saldos e livros contábeis.[44]

---

[43]Tradução nossa. Original: *"[...] is a digital, encrypted, and decentralized medium of exchange. Unlike the U.S. Dollar or the Euro, there is no central authority that manages and maintains the value of a cryptocurrency. Instead, these tasks are broadly distributed among a cryptocurrency's users via the internet"*.In: ASHFORD, Kate. *What is Cryptocurrency.* **Forbes Advisor**, Jersey City, 16 fev. 2023, 10:52. Disponível em: https://www.forbes.com/advisor/investing/cryptocurrency/what-is-cryptocurrency/. Acesso em: 1 abr. 2023. n.p.

[44]Tradução nossa. Original: *"Digital currency is a form of currency that just exists in the digital form but on the other hand, cryptocurrency is also a digital currency but in the form of decentralized digital currency. It requires cryptography and no central authority to manage its balances and ledgers"*.In: VARMA, Kunal; JAIN, Aaishika. *Investing in Digital Currency in India.*

Para aprofundar na descentralização, faz-se necessário compreender a história da criptomoeda de maior sucesso, a Bitcoin. Tal criptomoeda, embora não tenha sido a primeira a ser criada (haja vista as tentativas anteriores, como o *e-Cash, B-money, BitGold e Hashcash*), trata-se da primeira criptomoeda a ganhar notória repercussão, sendo até o presente momento a criptomoeda que mais possui valor de mercado.[45]

A respeito da criação da Bitcoin, esta surge em 2008 criado por Satoshi Nakamoto (que se trata do pseudônimo nunca revelado de uma pessoa ou grupo de pessoas), que publicou o trabalho intitulado "Bitcoin: A Peer-to-Peer Electronic Cash System".[46]

Fernando Ulrich[47] conceitua a Bitcoin como sendo uma tecnologia:

> [...] *peer-to-peer* (par a par ou, simplesmente, de ponto a ponto), de código aberto, que não depende de uma autoridade central. Entre muitas outras coisas, o que faz o Bitcoin ser único é o fato de ele ser o primeiro sistema de pagamentos global totalmente descentralizado.

Destaca-se que um dos pontos centrais da descentralização da Bitcoin (também utilizada na descentralização dos *smart contracts*) trata-se da rede *peer-to-peer*, em tradução literal, rede ponto-a-ponto.

A rede ponto-a-ponto (conhecida como rede P2P) é um modelo de comunicação descentralizado, ao qual cada um dos pares detêm a capacidade de manter a rede em funcionamento, independentemente dos demais pares. Ao contrário da rede centralizada, na rede P2P cada ponto

---

Forbes Advisor, Jersey City, 24 mar. 2023, 12:37. Disponível em: https://www.forbes.com/advisor/in/investing/digital-currency-in-india. Acesso em: 1 abr. 2023. n.p.

[45]REIFF, Nathan. ***What Was the First Cryptocurrency***. *Investopedia*, Nova Iorque, 23 jul. 2022. Disponível em: https://www.investopedia.com/tech/were-there-cryptocurrencies-bitcoin/. Acesso em: 1 abr. 2023. n.p.

[46]NAKAMOTO, Satoshi. Bitcoin: *A Peer-to-Peer Electronic Cash System*. [S. l]: **Bitcoin**, 31 out. 2008. Disponível em: https://bitcoin.org/bitcoin.pdf. Acesso em: 01 de abr. de 2023. n.p.

[47]ULRICH, Fernando. **A moeda na Era Digital**. 1 ed. São Paulo: Mises Brasil, 2014. 123 p. p. 17.

(que, embora atue em conjunto) consegue atuar isoladamente e ainda sim garantir a estabilidade da rede.[48]

Além disso, outro ponto central da descentralização trata-se da *blockchain*, que se relaciona com a Bitcoin no seguinte sentido:

> Todas as transações que ocorrem na economia Bitcoin são registradas em uma espécie de livro-razão público e distribuído chamado de *blockchain* (corrente de blocos, ou simplesmente um registro público de transações), o que nada mais é do que um grande banco de dados público, contendo o histórico de todas as transações realizadas.[49]

Isto posto, torna-se possível compreender a tecnologia da *blockchain* como informações organizadas em blocos com o objetivo de formar um registro contábil. Esses blocos são organizados de forma que sua existência no tempo e espaço possa ser identificada em relação aos demais blocos existentes e futuros (a serem criados), gerando uma cadeia de conexões, referidas como cadeia de blocos estruturados, e por este motivo recebe o nome de *Blockchain*.[50]

A *blockchain* tem como principal característica a confiança distribuída, também conhecida como *proof of work,* (em tradução literal, prova de trabalho), que surge em razão do mecanismo de consenso do sistema, de forma que toda operação tem de ser aprovada (por meio de cálculos) por mais da metade da rede. Nesse mesmo sentido, as regras por de trás da rede só podem ser alteradas caso mais da metade da rede passe a aceitá-las[51].

Para compreender a confiança distribuída da *blockchain* de forma concreta, faz-se necessário visualizar a seguinte abstração: Em uma sala com 100 pessoas, todos estão munidos de blocos de papel a fim de

---

[48]ROSENCRANCE, Linda. *What is peer-to-peer*. **TechTarget**, [S. l], nov. 2022. Disponível em: https://www.techtarget.com/searchnetworking/definition/peer-to-peer. Acesso em: 1 de abr. de 2023.

[49]ULRICH, op. cit., p. 19-20.

[50]CALDAS, Rômulo Inácio da Silva. Oferta inicial de "criptomoedas" no Brasil: tokens como valores mobiliários. *In*: FERNANDES, Ricardo Vieira de Carvalho; CARVALHO, Ângelo Gamba Prata de (Coord.). **Tecnologia jurídica & direito digital**: II Congresso Internacional de Direito, Governo e Tecnologia - 2018. Belo Horizonte: Fórum, 2018, p. 245.

[51]TEIXEIRA, RODRIGUES, op. cit., p. 35.

realizarem anotações. Neste momento, surge um terceiro (além das 100 pessoas) que informa que estaria ocorrendo uma transferência de 1 (uma) moeda da pessoa X para pessoa Y. Após tal informação todas as 100 pessoas realizam a anotação no bloco de papel. Em seguida, este mesmo terceiro questiona: qual foi o valor transferido da pessoa X para a pessoa Y? Por meio da resposta de todos os presentes na sala chega-se ao consenso matemático, isto é, se das 100 pessoas, 51 pessoas (mais da metade da rede) informarem que houve a transferência, esta será armazenada no bloco (que se assemelha a um livro razão) após ter sido confirmada matematicamente como verdadeira (em razão da dinâmica do consenso da confiança distribuída).

Ademais, ao que concerne aos *smart contracts* descentralizados a *blockchain* garante uma fidúcia (confiança) na integridade do acordo, em razão da própria rede, algo que se assemelha a confiabilidade de um cartório, todavia, descentralizado aos pares por meio da confiança distribuída.

Ainda há de se tratar de outro ponto, a criptografia. Tal tecnologia também se trata de um dos pontos centrais das criptomoedas (haja vista a origem do nome criptomoeda, que surge com a junção da nomenclatura criptografia com moeda).

Entende-se por criptografia as técnicas usadas para garantir sigilo e/ ou autenticidade das informações, ou seja, técnicas capazes de tornar informações sigilosas, bem como garantir a integridade das mesmas.[52]

Nos dizeres de Tarcisio Teixeira e Carlos Alexandre Rodrigues[53] "[...] criptografia é um ramo da matemática combinado com a ciência da computação." Nesse sentido, a criptografia utilizada nas criptomoedas garante matematicamente o seu funcionamento, de forma a gerar fidúcia aos que se utilizam do sistema descentralizado. Ou seja, as pessoas que se utilizam da descentralização das criptomoedas confiam em seu sistema (em seus cálculos matemáticos) e não em terceiros garantidores, como é o caso dos sistemas centralizados (como, por exemplo, o sistema de bancos tradicionais).

---

[52]TEIXEIRA, op. cit., p. 633.
[53]Ibid. p. 633.

Além disso, no caso da Bitcoin a criptografia garante uma pseudonimização[54], impossibilitando a associação direta ou indireta de uma pessoa (física ou jurídica) a sua carteira digital[55] onde armazena suas respectivas bitcoins[56].

Em síntese, a descentralização (originária das criptomoedas) necessita da tríade: rede P2P, *blockchain* e criptografia. E por meio do uso em conjunto de tais pilares, faz-se possível o surgimento do ecossistema descentralizado utilizado pelos *smart contracts* classificados como descentralizados.

Superada a descentralização, retoma-se ao conceito de *smart contracts* descentralizados. Tal tecnologia, trata-se dos *smart contracts* executados em plataformas descentralizadas (ecossistema descentralizado) que se utilizam da tríade anteriormente mencionada (rede P2P, *blockchain* e criptografia), como é o caso da plataforma da *Ethereum*[57], que por meio da linguagem de programação chamada *Solidity* viabiliza que os comandos sejam executados em um ecossistema totalmente descentralizado, o mesmo ecossistema das criptomoedas.[58]

Ou seja, os *smart contracts* descentralizados podem ser conceituados como aqueles que são autoexecutados em plataformas descentralizadas (tendo, como exemplo, a plataforma de *blockchain* da

---

[54]O conceito de pseudonimização é conferido pelo artigo 13º, inc. 4º da Lei Geral de Proteção de Dados Pessoais, sendo o tratamento no qual o dado perde a possibilidade de associação direta ou indireta, isto sem o uso de informações adicionais.

[55]Carteiras digitais possuem a mesma ideia das carteiras reais, ou seja, armazenam por meio de *software* ativos digitais correspondentes às criptomoedas (como, exemplo a Bitcoin).

[56]OLIVEIRA, Jordan Vinícius; LOPES, Marília Carneiro da Cunha, Considerações sobre Anonimato, Pseudoanonimato e Criptomoedas. **Revista Eletrônica Direito e Sociedade**. v. 9, n. 1, p. 159-176, 2021. Disponível em: https://revistas.unilasalle.edu.br/index.php/redes/article/view/6749/pdf. Acesso em: 29 abr. 2022. p.163.

[57]É uma plataforma de computação distribuída baseada em *blockchain*, que permite a criação e execução de *smart contract* e aplicativos descentralizado

[58]UMUCU, Elif Hilal. ***Solidity****: Smart Contract Language or Legal Contract Language*. 2021. Disponível em: https://papers.ssrn.com/sol3/papers.cfm?abstract_id=3916072. Acesso em: 1 abr. 2023. n.p..

Ethereum), que fazem parte de um ecossistema descentralizado, ausente tecnicamente de qualquer intervenção.

Ao contrário dos *smart contracts* centralizados, os *smart contracts* descentralizados não podem (em regra) sofrer interferências externas, como um bloqueio judicial, em razão de sua tecnologia estar totalmente imersa no ecossistema descentralizado, o mesmo visualizado nas criptomoedas.

Logo, os *smart contracts* quando utilizados no ecossistema descentralizado (*smart contracts descentralizados*) viabilizam um ambiente virtual ausente da intervenção estatal, ou seja, um ambiente ao qual as atitudes do Estado tecnicamente mostram-se como ineficazes.

Por fim, cabe dizer que tal situação de ineficácia Estatal no mundo virtual fora anteriormente teorizada pelo autor Lawrence Lessig, (criador do aforismo *"code is law"*, em tradução literal, código é lei) que analisou como o ciberespaço influencia e molda as interações online e, por sua vez, como as leis e regulamentações seriam aplicadas em tal ambiente.[59]

Em síntese, Lawrence Lessig[60] discute que a descentralização da internet pode torná-la difícil de regular (logo, trazendo percalços a sociedade) tal discussão do autor trata-se exatamente da discussão identificada ao se conceituar os *smart contracts* descentralizados (ao qual será abordada ao longo dos capítulos).

2.5 Implementação dos smart contracts

Tal como os contratos, os *smart contracts* também trazem muitas possibilidades de implementações na realidade fática. Isto posto, neste tópico será realizado um panorama (não exaustivo) de suas possibilidades de uso, por exemplo, nas seguintes áreas: imobiliária, financeira e logística. Destaca-se, que tais áreas foram escolhidas em razão de serem as principais áreas vislumbradas na pelos especialistas para a aplicação de tal tecnologia.

---

[59] LESSIG, Lawrence. The Laws of Cyberspace. *In:* **Taiwan Net' 98 Conference**. Taipei, mar. 1998. 16 p. Disponível em: https://cyber.harvard.edu/works/lessig/laws_cyberspace.pdf. Acesso em: 1 abr. 2023. p. 2.
[60] Ibid., p. 15.

2.5.1 *Área imobiliária*

Na área imobiliária, a aplicação dos *smart contracts* poderiam ser extremamente úteis, isto pois, tradicionalmente os contratos do mercado imobiliário possuem grande volume e mobilizam grandes esforços dos setores administrativos e jurídicos, tanto para sua organização, quanto para sua eventual execução judicial (em casos de inadimplementos).

Deste modo, Kothari *et al.*[61] ao realizarem uma pesquisa de viabilidade técnica dos *smart contracts* aplicados a área imobiliária concluíram que tal tecnologia garantiria uma:

> Execução mais rápida, riscos reduzidos e transações altamente seguras devido aos blocos de *hash* que fizeram da *blockchain* uma tecnologia forte. Imutabilidade de blocos, em razão da prova de trabalho e prova de autoridade fazem tais acordos resistentes à fraude.

Em razão de tal viabilidade técnica surgem empresas especializadas no uso de *smart contracts* aliados ao mercado imobiliário, como é o caso da empresa Ribus, que atua em território brasileiro oferecendo serviços de tokenização imobiliária[62].

Segundo Sciarretta[63] a empresa Ribus:

> [...] utiliza a infraestrutura de *blockchain* da Polygon, segunda camada do Ethereum, e conta com 6.000 usuários registrados. O ecossistema promove a interação entre usuários, prestadores

---

[61] Tradução nossa. Original: *"Faster execution, reduced risks and highly secure transactions due to hashed blocks have made blockchain a strong technology. Immutability of blocks, proof of work and proof of authority make them fraud resistant."*. In: KOTHARI, et al. **Smart Contract for Real Estate Using Blockchain.** 2006. Disponível em: https://papers.ssrn.com/sol3/papers.cfm?abstract_id=3565497. Acesso em: 1 abr. 2023. p.5.

[62] A tokenização imobiliária é um processo de transformação de um ativo imobiliário em tokens, que são representações digitais que podem ser negociadas em uma plataforma de *blockchain*.

[63] SCIARRETTA, Toni. **Ribus acelera tokenização imobiliária após consulta à CVM.** 2023. Disponível em: https://valor.globo.com/financas/criptomoedas/noticia/2023/01/03/ribus-acelera-tokenizao-imobiliaria-aps-consulta-cvm.ghtml. Acesso em: 1 abr. 2023. n.p.

de serviços e vendedores de bens de toda a cadeia do setor imobiliário.

Nesse sentido, a Ribus[64] oferece soluções para o mercado financeiro por meio de *smart contracts*, se utilizando de tecnologias como a *blockchain* e a Web 3.0[65], conectando serviços, produtos e pessoas do mercado imobiliário através do mercado dos criptoativos[66]

Isto posto, vislumbra-se que a implementação dos *smart contracts* na área imobiliária garantiria mais agilidade que os contratos (incluindo os *e-contracts*), isto porque, diferente dos contratos propriamente ditos, os *smart contracts* além de serem facilmente geridos por meio da automatização (haja vista estarem em ambiente digital), ainda são autoexecutáveis, reduzindo riscos de um possível inadimplemento das partes.

2.5.2 *Área financeira*

Adentrando na área financeira, haja vista que os *smart contracts* detêm grande potencial de mudança na forma e na velocidade em que os acordos são realizados, estes podem ser úteis para processos de bancos e instituições financeiras, que indubitavelmente possuem um gigantesco volume de operações.

Kamal Rupareliya[67] descreve que tal tecnologia poderia ser aplicada para processar sinistros de seguros sem a presença erros humanos, haja vista que avaliar a legitimidade de uma reivindicação de seguro é um processo minucioso, repetitivo (em razão da alta demanda)

---

[64] RIBUS. **Introdução**. 2023. Disponível em: https://equipe.gitbook.io/ribus-whitepaper/. Acesso em: 1 abr. 2023. n.p.

[65] A Web 3.0 é teorizada por parte da doutrina como uma evolução da Web que se concentra em tornar a internet mais inteligente, conectada e descentralizada, permitindo a criação de aplicativos e serviços mais sofisticados e seguros. É também conhecida como Web Semântica ou Web Inteligente.

[66] Criptoativos são ativos digitais que utilizam criptografia para garantir segurança e privacidade em transações financeiras.

[67] RUPARELIYA, Kamal. **How *smart contract* are transforming banks and financial institutions**. 2021. Disponível em: https://www.businessofapps.com/insights/how-smart-contracts-are-transforming-banks-and-financial-institutions/. Acesso em: 1 abr. 2023. n.p.

e que exige bastante tempo, logo, os *smart contracts* permitiriam o registro das reivindicações do seguro, bem como da validação automática por meio da rede *blockchain*.

Além disso, o uso dos *smart contracts* na área financeira reduziria os custos de transação (em razão de serem feitos sem a presença humana), o que possibilitaria remessas em tempo real (haja vista a possibilidade de integração dos *smart contracts* com pagamentos digitais), geraria, assim, uma auditoria transparente e imutável (em razão de se utilizarem da *blockchain*) e aumentaria a velocidade das operações (isto, em razão da auto execução dos *smart contracts*)[68].

Sendo assim, observa-se que a implementação dos *smart contracts* na área financeira garantiria mais velocidade, confiança (em razão da presença da *blockchain* que é uma tecnologia imutável) e redução nos custos das transações se comparado com os contratos utilizados em tal área.

2.5.3 *Área logística*

Por derradeiro, ao que tange a área logística, na contemporaneidade esta recebe grande destaque em razão do modelo de economia da era digital, que é marcado pela velocidade de reação no desempenho e da adaptação do alto fluxo de demandas.[69]

No Brasil, tem-se como exemplo prático de tal agilidade da área da logística a plataforma do Mercado Livre, que possui uma modalidade de entrega na qual o tempo de entrega é de até 11 horas, ou seja, o cliente faz um pedido e no mesmo dia recebe a encomenda[70].

---

[68] Ibidem.

[69] DUBKE, Alessandra Fraga; FERREIRA, Fabio Romero Nolasco; PIZZOLATO, Nélio Domingues. **Plataformas Logísticas**: características e tendências para o Brasil. 2004. Disponível em:https://abepro.org.br/biblioteca/ENEGEP2004_Enegep0112_0549.pdf. Acesso em: 1 abr. 2023. n.p.

[70] MERCADO LIVRE. **Full**: O envio mais rápido e seguro do Mercado Livre. Disponível em: https://www.mercadolivre.com.br/l/envios-full. Acesso em: 01 abr. 2023. n. p.

Nesse sentido, segundo TianLin Zhang, JinJiang Li e Xinbo Jiang[71] a aplicação dos *smart contracts* na área da logística (principalmente ao que se refere a cadeia de suprimentos) traria mais eficiência a tais operações, em razão da consistência dos dados (pois, a entrada e saída de produtos ficaria salva de maneira imutável na *blockchain*), além de garantir ainda mais velocidade que a logística tradicional (em razão da auto execução), bem como propiciar uma redução de custos (isto, porque a sistematização dos processos diminui a presença de erros).

Deste modo, a implementação de *smart contracts* na área da logística traria como principal vantagem a eficiência nas operações, em razão da alta confiabilidade dos dados (por conta do uso da *blockchain*). Ou seja, se comparado com os contratos propriamente ditos, os *smart contracts* são mais eficientes para acompanhar a nova roupagem da logística oriunda da economia digital.

---

[71] ZHANG, TianLin; LI, JinJiang; JIANG, Xinbo. Supply chain finance based on smart contract. **Procedia Computer Science**, Amsterdam v. 187, p. 12-17, 2021. Disponível em: https://www.sciencedirect.com/science/article/pii/S1877050921008048. Acesso em: 1 abr. 2023. p. 14.

3   SMART CONTRACT: ANÁLISE À LUZ DA EVOLUÇÃO DO DIREITO NEGOCIAL

Antes de adentrar ao capítulo há de se evidenciar que o direito negocial se trata de um conjunto de normas que se referem às relações entre as partes envolvidas em negócios jurídicos.

Com isso, o negócio jurídico pode ser conceituado de maneira sucinta como: "[...] o instrumento, por meio do qual podem as partes, através do exercício da autonomia privada, disciplinar seus interesses, bem como os efeitos práticos e jurídicos decorrentes, com base nos limites impostos pelo ordenamento".[72]

Isto posto, no presente capítulo, os *smart contracts* serão analisados sob a ótica da evolução do Direito Negocial. Para tanto, será visitado o paradigma clássico do Direito Negocial, posteriormente o paradigma moderno, bem como o paradigma pós-moderno. Ao final do capítulo, será verificado se os *smart contracts* (que detêm a promessa de trazerem mais eficiência e segurança) podem ou não serem considerados negócios jurídicos.

3.1   Paradigma clássico

O paradigma clássico do Direito Negocial se inicia a partir do século XVIII, por meio da propagação de ideias atinentes a liberdade (ideias liberais), ao qual trouxe como reflexo ao negócio jurídico a autonomia da vontade sendo aplicada de forma ampla e irrestrita, ou seja, o princípio orientador da relação jurídica tinha como centro a autonomia das partes de realizar negócios.[73]

---

[72] AMARAL, Ana Claudia Corrêa Zuin Mattos do; FERREIRA, Jussara Borges. Negócio Jurídico e Juízo Arbitral: Modulação da autonomia da vontade e da autonomia privada. *In*: MUNIZ, Tânia Lobo (coord.); ARAUJO JUNIOR, Miguel Etinguer de (coord.) **Estudos em Direito Negocial e os mecanismos contemporâneos de resolução de conflitos.** 1 ed. Birigui: Boreal Editora, 2015. 224 p. p. 124

[73] LIMA, Caroline Melchiades Salvadego Guimarães de Souza; SANTOS, Pedro Henrique Amaducci Fernandes; MARQUESI, Roberto Wagner. Negócios jurídicos contemporâneos: a efetivação da dignidade da pessoa humana com

Enzo Roppo[74] discorre que a liberdade de se contratar se transformou de maneira significativa ao longo da evolução do contrato. De modo que, no início havia uma liberdade tendencialmente ilimitada, de contratar ou não contratar e de decidir sobre as condições, ou seja, a responsabilidade pela contratação era tão forte que se equiparava à lei.

Com base na ideia da liberdade de se contratar:

> [...] afirmava-se que a conclusão dos contratos, de qualquer contrato, devia ser uma operação absolutamente livre para os contraentes interessados: deviam ser estes, na sua soberania individual de juízo e de escolha, a decidir se estipular ou não estipular um certo contrato, a estabelecer se concluí-lo com esta ou com aquela contraparte, a determinar com plena autonomia o seu conteúdo, inserindo- -lhe estas ou aquelas cláusulas, convencionando este ou aquele preço.[75]

Desse modo, cada indivíduo era livre para contratar, todavia, quando contratava ficava vinculado de maneira irrevogável ao contrato, conhecido pela expressão em latim: *pacto sunt servanda*. Tal expressão se trata de um princípio, que além de discussões éticas apresenta discussões econômicas, no sentido de que a certeza do cumprimento da obrigação representa a previsibilidade econômica.[76]

No entanto, no paradigma clássico (ao qual preceitua-se a liberdade de contratar) não se discute questões sobre igualdade e justiça substancial. Deste modo, afirmava-se que tudo que era realizado nas contratações era justo em razão das próprias contratações ocorrerem com a livre vontade dos contratantes que "[...] espontânea e conscientemente, o determinavam em conformidade com os seus interesses, e, sobretudo, o determinavam num plano de recíproca igualdade jurídica[...]".[77]

Por outro ângulo, a liberdade contratual e igualdade formal eram visualizadas como pressupostos, mas não somente como interesse dos particulares, mas também como interesse geral da sociedade. Isto posto,

---

alicerce nos contratos existenciais. **civilistica.com**, v. 7, n. 3, p. 1-24, 16 dez. 2018. Disponível em: https://civilistica.emnuvens.com.br/redc/article/view/373. Acesso em: 24 abr. 2023. p. 3.
[74]ROPPO, op. cit., p. 32.
[75]Ibidem
[76]Ibid., p. 34.
[77]Ibid., p. 35.

as teorias econômicas prevalentes nesta época (do Século XVIII) pretendiam que o bem estar coletivo podia vislumbrar certa possibilidade de deixar livre as iniciativas (tal como preceitua Adam Smith com sua teoria da mão invisível).[78]

Em síntese, a liberdade de iniciativa econômica era considerada socialmente útil e necessária, sendo traduzida "[...] no plano jurídico precisamente na liberdade, entendida igualmente como conforme ao interesse social, de estipular contratos quando, como e com quem se queira."[79]

No que tange ao Brasil, o Código Civil de 1916, foi baseado em uma política liberal, ao qual garantia-se a predominância da autonomia da vontade, ou seja, evitava-se ao máximo a intervenção estatal no direito privado.[80]

Deste modo, afirma-se que "[...] dentro desse paradigma clássico dos negócios jurídicos é possível verificar que o indivíduo é deixado em segundo plano e o centro de interesses é, visivelmente, o patrimônio, ou seja, trata-se de um direito contratual meramente patrimonialista."[81]

Adentrando a superação do paradigma clássico, Pietro Perlingieri[82] afirma que a função do juiz não é necessariamente a conservação do passado. Sendo assim, o autor leciona a necessidade de:

> [...] a tipicidade a que se atém a jurisprudência, mesmo aquela romana, eleve-se a formas de (jus)naturalismo tradicional caracterizado por um passado que se torna natureza, racionalidade, intangibilidade e por um presente concebido como recapitalização global e total do passado, em uma espécie de coincidência entre direito romano e direito natural.

Neste sentido, Pietro Perlingieri[83] observa que há uma necessidade de se revisar os dogmas tradicionais, todavia, prezando pela

---

[78]Ibid., p. 35-36.
[79]ROPPO, op. cit., p. 36.
[80]LIMA; SANTOS; MARQUESI, op. cit., p. 4.
[81]Ibidem.
[82]PERLINGIERI, Pietro. **O Direito Civil na Legalidade Constitucional**. Rio de Janeiro: Renovar, 2008. p. 68.
[83]Ibidem.

funcionalização dos institutos do Direito Civil, que responde às escolhas de fundo operadas pelos Estados Contemporâneos.

Neste cenário, o papel do jurista é:

> [...] reler todo o sistema do código e das leis especiais à luz dos princípios constitucionais e comunitários, de forma a individualizar uma nova ordem científica que não freie a aplicação do direito e seja mais aderente às escolhas de fundo da sociedade contemporânea.[84]

Ademais, cabe ressaltar que se faz necessário superar os antigos dogmas, verificando sua relatividade e historicidade, sendo necessário a desvinculação de um sistema historicamente superado, dando mais espaço aos institutos mais presentes na contemporaneidade, reservando menos espaço àqueles institutos que foram já ultrapassados.[85]

Por fim, para associar tal evolução do negócio jurídico aos *smart contracts*, faz-se necessário realizar a divisão entre *smart contracts centralizados e smart contracts* descentralizados.

Ao que tange aos *smart contracts* centralizados, estes não possuem semelhanças com o paradigma clássico, em razão de encontrarem barreiras em sua autoexecução (por serem executados de maneira centralizada). Já nos *smart contracts* descentralizados vislumbra-se semelhanças com o paradigma clássico, isto é, em razão da não intervenção do Estado, bem como da ampla liberdade de se contratar.

Logo, evidenciam-se que os *smart contracts* descentralizados vão além do paradigma clássico, trazendo ainda mais liberdade, isto pois, tal tecnologia descentralizada não encontra nenhuma barreira e nem busca a igualdade formal dos contratantes. Ou seja, tal tecnologia trata-se de uma ferramenta que possui um potencial ilimitado (no mundo virtual) ao que tange a acordos.

3.2   Paradigma moderno

Caminhando para o paradigma moderno do Direito Negocial, o advento do Estado Social (também conhecido como Estado de bem-estar

---

[84]Ibid., p. 137.
[85]Ibidem.

social ou Estado-providência) conduziu grande influência, de forma que a autonomia da vontade, que antes (no paradigma clássico) era absoluta, agora (no paradigma moderno) passa a ser mitigada.[86]

À vista disso, o princípio da autonomia passa a ser relativizado por conta da intervenção do Estado nas relações entre particulares, sendo que tal intervenção possuía como intuito a busca pelo equilíbrio e proteção dos indivíduos frente o contrato "[...] valorizando se a liberdade material em detrimento a liberdade formal, esta última observada no liberalismo.[87]

Tereza Negreiros[88] esclarece que no paradigma moderno a noção de autonomia da vontade sofreu profundas modificações no âmbito do contrato, de forma que a autonomia negocial não constitui um valor em si mesma.

Isto pois, de um lado há:

> [...] a autonomia da vontade e, de outro, a eficácia relativa dos contratos. A assimilação do princípio da relatividade ao princípio da autonomia da vontade punha em xeque, de fato, a utilidade da consagração expressa da regra da eficácia relativa.[89]

Neste mesmo sentido, para a compreensão do paradigma moderno faz-se necessário distinguir autonomia da vontade da autonomia privada:

> A autonomia da vontade, sedimentou se em um contexto de Estado Liberal, atrelando se à uma ampla e irrestrita liberdade contratual inexistindo barreiras dentro do ordenamento jurídico, isso porque os indivíduos eram considerados livres e iguais perante a lei, ou seja, prioriza- se uma liberdade formal. Por outro lado, a autonomia privada está diretamente relacionada ao Estado Social, no sentido de que a liberdade não tem um caráter absoluto. Deve ser empregada dentro dos limites legais, sendo o ordenamento jurídico o responsável por fornecer parâmetros para o exercício dessa liberdade.[90]

---

[86]LIMA; SANTOS; MARQUESI, op. cit., p. 6.
[87]Ibidem.
[88]NEGREIROS, Tereza. **Teoria do contrato:** novos paradigmas. 2. ed. Rio de Janeiro: Renovar, 2006. p. 217.
[89]Ibidem.
[90]LIMA; SANTOS; MARQUESI, op. cit., p. 6.

Desta maneira, no paradigma moderno não se vislumbra mais o termo autonomia da vontade, isto em razão da mitigação desta, que se transmutou na autonomia privada, isto pois, tal autonomia privada traz uma liberdade que não é ilimitada, devendo ser exercitada dentro dos limites do ordenamento jurídico, ou seja, trata-se de uma liberdade que permite tudo aquilo que o ordenamento não proíbe.[91]

Emilio Betti[92] esclarece que a autonomia privada é:

> [...] reconhecida pela ordem jurídica, no campo do direito privado, exclusivamente na segunda das indicadas funções. E, portanto, reconhecida como atividade e *potestas*, criadora, modificadora ou extintora de relações jurídicas entre particulares: relações cuja vida e cujas vicissitudes, são, antecipadamente, disciplinadas por normas jurídicas preexistentes. A manifestação precípua desta autonomia é o negócio jurídico, o qual, precisamente, é concebido como um ato de autonomia privada, a que o direito liga o nascimento, a modificação ou a extinção de relações jurídicas entre particulares.

Por esta razão, esclarece-se que na modernidade se faz necessário repensar o fenômeno da autonomia:

> [...] encontra-se superada, para os fins da individualização da real consistência do fenômeno, a distinção entre natureza privada ou pública do sujeito que realiza o ato de regulamentação do interesse; de maneira que também o comportamento de um ente público que decida agir (*non iure imperium*, mas) *iure privatorum* configura a realização da autonomia. [93]

Contudo, Pietro Perlingieri[94] tece uma crítica a respeito da visão moderna, que tem como objetivo analisar a realidade, entretanto, sem enclausurá-la em esquemas jurídicos-formais.

---

[91] Ibidem.
[92] BETTI, Emilio. **Teoria Geral do Negócio Jurídico.** 1 ed. v. 3. Coimbra: Imprenta, 1969. p. 81-82.
[93] PERLINGIERI, op. cit., p. 336.
[94] Ibid., p. 137.

Desta forma, o autor traz como solução a funcionalização dos institutos do Direito Civil (que se trata do marco do paradigma moderno), de maneira que o dever do jurista passe a ser a releitura de todo o sistema de código e das leis especiais à luz dos princípios constitucionais e comunitários "[...] de forma a individualizar uma nova ordem científica que não freie a aplicação do direito e seja mais aderente às escolhas de fundo da sociedade contemporânea.[95]

Por derradeiro, para associar tal evolução do negócio jurídico aos *smart contracts*, (novamente) faz-se necessário realizar a divisão entre *smart contract centralizados* e *smart contract* descentralizados.

Os *smart contracts* centralizados, poder-se-iam perfeitamente se adequar a concepção moderna, isto pois, estes poderiam atuar dentro da autonomia privada. No entanto, cabe parcimônia com os *smart contracts* descentralizados, pois estes não levam em conta o conceito de autonomia privada, mantendo como premissa máxima a liberdade irrestrita em se contratar, sendo potencialmente nocivos ao ordenamento jurídico.

3.3 Paradigma pós-moderno

Haja vista que o Direito Negocial (bem como todo o Direito) permanece em constante transformação, adequando-se aos anseios da sociedade contemporânea, mesmo após o paradigma moderno há uma continua evolução que encaminhou para o paradigma pós-moderno.[96]

Cabe destacar que, ainda durante o paradigma moderno, por um determinado período acreditou-se que o direito subjetivo poderia suprir todas as manifestações humanas. Isto, tendo em vista que o direito subjetivo se trata da "[...] permissão que tem o ser humano de agir conforme o direito objetivo", sendo que o direito objetivo se trata do "[...] conjunto de normas impostas ao comportamento humano, autorizando o indivíduo a fazer ou não fazer algo".[97]

---

[95]Ibidem.

[96]LIMA; SANTOS; MARQUESI, op. cit., p. 10.

[97]LÊDO, Ana Paula Ruiz; SABO, Isabela Cristina; AMARAL, Ana Cláudia Corrêa Zuin Mattos do. Existencialidade humana: o negócio jurídico na visão pós-moderna. **Civilistica.com.** Rio de Janeiro, a. 6, n. 1, 2017. Disponível em: https://civilistica.emnuvens.com.br/redc/article/view/285. Acesso em: 24 abr. 2023. p. 3.

Destarte, com o avanço da tecnologia, surgiram muitas modalidades negociais que não dispunham de dispositivos legais, e esses casos (normalmente envolvendo direitos existenciais) pelo paradigma moderno, deveriam manter o direito suspenso aguardando a previsão legal.

Ana Cláudia Corrêa Zuin Mattos Amaral e Ewerton Willian Pona[98] explicam, com maestria, a transição das concepções no paradigma pós moderno:

> Com a repersonalização do direito e superação do positivismo jurídico, a preocupação com a pessoa humana ganhou centralidade na seara jurídica. O humanismo e o personalismo ético passaram a orientar toda compreensão do fenômeno jurídico. Curiosamente, nessa perspectiva de tutela da pessoa, constatou-se a insuficiência do arquétipo do direito subjetivo. Trata-se da crise nutrida pelo processo de reconhecimento dos direitos da personalidade e de um direito geral da personalidade.

Deste modo, Paulo Roberto Ciola de Castro[99], faz dois apontamentos sobre a insuficiência do direito subjetivo. No primeiro, menciona que a insuficiência do direito subjetivo é um movimento consequente, uma vez que, em essência, o direito subjetivo possui um extremado individualismo e subjetivismo, assim, fica desalinhado com os atuais anseios sociais de proteção das relações jurídicas dinâmicas, e não mais somente proteções recortadas e manifestações do poder individualizadas. No segundo, o autor aduz que o direito subjetivo tem por respaldo a liberdade do sujeito, entretanto, como o direito subjetivo depende do direito objetivo (normas postas), a estrutura normativa passa

---

[98] AMARAL, Ana Cláudia Corrêa Zuin Mattos; PONA, Ewerton Willian. A vida numa casca de noz? A insuficiência do conceito de direito subjetivo e a potencialidade das situações jurídicas como categoria base para aplicação do direito e realização da autonomia privada. *In*: Pona, Everton Willian; Amaral, Ana Cláudia Corrêa Zuin Mattos do; Martins, Priscila Machado. (Org.). **Negócios Jurídicos e Liberdades Individuais**: Autonomia Privada e situações jurídicas existenciais. Juruá Editora, 2016, v. 1, p. 57.

[99] CASTRO, Paulo Roberto Ciola de. **Direito Civil**: negócio jurídico. Londrina: Editora e Distribuidora Educacional S.A, 2018. p. 42-44.

a ter tanto destaque que a liberdade do sujeito fica enclausurada nos limites da descrição legal.

Quanto ao enclausuramento do indivíduo aos limites da norma, Paulo Nalin[100] aduz que:

> O direito subjetivo, breve momento da situação jurídica subjetiva, é de todo insuficiente para realizar a vocação constitucional do contrato contemporâneo, devendo ser encarado como mero exercício do querer contratual de ambos os titulares da relação jurídica. A parte (direito subjetivo) não deve ser confundido com o todo (situação jurídica subjetiva), sob pena de ficar a interpretação do contrato desconectada da atual Constituição.

Sendo assim, no sentido de reforçar que os direitos subjetivos são insuficientes para abarcar todas as complexidades da vida Ana Cláudia Corrêa Zuin Mattos Amaral e Ewerton Willian Pona[101] (2016, p.71) lecionam que:

> [...] como se espera, pode-se corrigir a miopia e reconhecer as exigências em frente ao intérprete do fenômeno jurídico, para que se abdique da pretensão de infinita adequação do outrora entronado direito subjetivo e se abra às possibilidades de tutela da pessoa permitidas pela categoria das situações jurídicas.

Tem-se como exemplo de tais situações não abarcadas pelos paradigmas anteriores algumas relações jurídicas que não encontram previsões expressas, tais como:

a) O contrato de adesão em que inexiste a possibilidade de negociar, precisamente, de modificar o conteúdo contratual, inibindo-se vontade real do contratante.[102]

b) Contratos em que os sujeitos envolvidos não são titulares de um direito subjetivo, mas sim de interesses juridicamente relevantes para o

---

[100]NALIN, Paulo. **Do Contrato**: Conceito Pós-Moderno: Em busca de sua formulação na perspectiva civil constitucional. 2 ed. Curitiba: Juruá Editora, 2006. 272 p. p. 51.

[101]PONA; AMARAL, op. cit., p. 71.

[102]LEDO; SABO; AMARAL, op. cit., p. 16.

Direito, nesses termos, o objeto deixa de ser exclusivamente patrimonial, passando para a esfera existencial.[103]

c) Os contratos eletrônicos (tais como os *smart contracts*), no qual, o meio virtual, permite que um incapaz adquira produtos e se utilize de redes sociais, ou então, possibilita a interação negocial com uma ferramenta tecnológica como se ser humano fosse.[104]

Tais exemplos, se interpretados isoladamente, não preenchem necessariamente a totalidade dos requisitos do negócio jurídico. Nesses casos, explicam Lêdo e Sabo[105] que "[...] a relação jurídica dá lugar a situações jurídicas subjetivas existenciais formadoras de centros de interesses relevantes, que também devem ser tutelados e selecionados, ainda que ausente legislação prévia".

Em razão deste cenário em que determinadas situações jurídicas não são vislumbradas pelo ordenamento, Ana Paula Ruiz Lêdo, Isabela Cristina Sabo e Ana Cláudia Corrêa Zuin Mattos do Amaral[106] aduzem:

> É por essas razões que a visão clássica de negócio jurídico encontra-se superada, visto que a liberdade atualmente nas relações negociais está se firmando cada vez mais – a liberdade científica no campo da genética incita o nascimento e morte humana, surgindo anseios humanos de alterá-los quanto à sua forma natural de acontecer; a liberdade de expressão nas redes sociais dispostas no ambiente eletrônico impera quanto à escolha de ideologias sociais e políticas; a liberdade negocial também está presente na esfera processual, através dos chamados negócios jurídicos processuais previstos no Novo Código de Processo Civil – o que resulta, por isso, na necessidade de uma nova concepção, uma nova teoria que doravante enfoque a própria existencialidade, ou ainda, a própria essencialidade humana.

Em síntese do exposto a respeito do paradigma pós-moderno:

> O paradigma contemporâneo ou pós-moderno de negócio jurídico demonstra que existem fatos, desprovidos de normatização jurídica, mas de importância existencial que esvaziam do conceito de direito objetivo, direito subjetivo,

---

[103]Ibid., p. 12.
[104]Ibid., p. 16.
[105]Ibid., p. 12.
[106]Ibid. p. 17-18.

> sujeito de direitos e de relação jurídica clássica patrimonial. Esses acontecimentos criam situações jurídicas que orbitam centros de interesse e que merecem, à toda evidência, a tutela jurídica. Todavia, esses interesses não são adequados à proteção conferida pelos paradigmas clássico e moderno do negócio jurídico, uma vez que se evidencia a necessidade de um paradigma que atenda o respeito à individualidade, à identidade e à alteridade da pessoa humana, dentro do exercício de autonomia privada existencial ou liberdade existencial.[107]

Sendo assim, na pós-modernidade, o negócio jurídico clássico e moderno mostram-se insuficientes para satisfazer as novas demandas, sendo necessária a readaptação do instituto, tal readaptação pode ocorrer por meio da perspectiva civil-constitucional (também conhecida como a corrente doutrinária do Direito Civil-Constitucional).

Segundo Tereza Negreiros[108] a perspectiva civil-constitucional levou a aplicação ao contrato de novos princípios "[...] que quebrassem aquela hegemonia outrora atribuída à autonomia negocial". Logo, sendo evidentemente que tais princípios encontram fundamento na Constituição, sendo um reflexo da cláusula geral de tutela da dignidade da pessoa humana.

Desta forma, Tereza Negreiros[109] esclarece que a perspectiva civil-constitucional se trata de dar um sentido constitucional à evolução histórica do conceito de contrato "[...] formado no âmbito de um sistema normativo fechado em si mesmo, e marcado pela indiferença relativamente ao direito público-constitucional."

Um dos maiores precursores do Direito Civil-Constitucional trata-se de Pietro Perlingieri, que esclarece que não há argumentos que contrariem a aplicação direta (ou mesmo indireta) dos princípios

---

[107]AMARAL, Ana Claudia Corrêa Zuin Mattos do; HATOUM, Nida Saleh.; HORITA, Marcos Massashi. O paradigma pós-moderno do negócio jurídico e a necessidade de uma nova concepção na contemporaneidade. **Scientia Iuris**, *[S. l.]*, v. 21, n. 2, p. 261–297, 2017. DOI: 10.5433/2178-8189.2017v21n2p261. Disponível em: https://ojs.uel.br/revistas/uel/index.php/iuris/article/view/28454. Acesso em: 24 abr. 2023. p. 294.

[108]NEGREIROS, op. cit., p. 108.

[109]Ibid., p. 109.

constitucionais às normas, logo, a perspectiva civil-constitucional trata-se de uma alternativa viável para satisfazer as novas relações jurídicas advindas das transformações sociais, por meio de aplicação dos preceitos (já consagrados) da constituição.[110]

Desta forma, Pietro Perlingieri[111] afirma que:

> A norma constitucional torna-se a razão primária e justificadora (ainda que não a única, se for individuada uma normativa ordinária aplicável ao caso) de relevância jurídica de tais relações, constituindo parte integrante da normativa na qual elas, de um ponto de vista funcional, se concretizam. Logo, a normativa constitucional não deve ser considerada sempre e somente como mera regra hermenêutica, mas também como norma de comportamento, idônea para incidir sobre o conteúdo das relações entre situações subjetivas, funcionalizando-as aos novos valores.

Assim, Pietro Perlingieri[112] aduz que o Direito Civil-Constitucional busca uma compreensão com amplitude ao sistema jurídico, por meio da integração do Direito Civil com o Direito Constitucional. Tal integração, considera que o Direito Civil não pode ser compreendido de forma isolada, devendo ser analisado em conjunto com a ótica dos valores e princípios constitucionais.

Em síntese, Pietro Perlingieri[113] objetiva:

> Que a Constituição seja uma parte edificante da estrutura social entendida globalmente e que seja algo a ser interpretado de forma vinculante com relação a todas as disciplinas do setor, sem distinção de colocações topográficas e sem distinguir entre códigos, regulamentos comunitários ou leis especiais, é consequência da própria enunciação teórica de acordo com qual se a interpretação de alguma coisa, então nem tudo é interpretação.

Isto posto, a interpretação do Direito Negocial no paradigma pós-moderno ocorre tendo como vetor axiológico e hermenêutico as normas constitucionais, isto é, o Direito Civil passa a ser interpretado sob a ótica

---

[110]PERLINGIERI, op. cit., p. 589-590.
[111]Ibid., p. 589-590.
[112]Ibid., p. 592-593.
[113]Ibid., p. 594.

da Constituição. Desse modo, a Constituição deixa de ser um mero fundamento de validade das normas (controle de constitucionalidade), e passa a ser vetor axiológico e hermenêutico, haja vista os valores e princípios consagrados em tal magna-carta.

Finalmente, associando tal evolução do Direito Negocial aos *smart contracts*, tem-se que embora os contratos eletrônicos tenham sido apontados ao longo do texto como parte do paradigma pós-moderno, não se pode automaticamente inferir que os *smart contracts* também os sejam, isto, em razão de suas classificações (a saber: a) os *smart contracts* centralizados e, b) os *smart contracts* descentralizados), classificações estas que serão analisados em seguida aos olhos do negócio jurídico.

3.4   Exame do smart contract sob a ótica do negócio jurídico

Antes de adentrar ao exame do *smart contract* sob a ótica do negócio jurídico, faz-se necessário retomar três figuras, em especial: a) a figura do ato jurídico, b) fato jurídico e, c) negócio jurídico.

O ato jurídico trata-se daquele ato determinado pelo elemento volitivo do homem (vontade), tendo como propósito a obtenção de efeitos jurídicos restritos a si mesmo. Já o fato jurídico, surge em razão de todo acontecimento que emana do ser humano, ou mesmo de coisas capazes de produzir consequências jurídicas. Por fim, o negócio jurídico enquadra-se como uma espécie entre os atos jurídicos, que visa a produção de efeitos juridicamente relativos a terceiros, desde que lícitos, atentando-se à vontade declarada e ao ordenamento jurídico.[114]

Adentrando ao negócio jurídico, tal terminologia surge na doutrina alemã, sendo assimilada pela doutrina italiana, e posteriormente difundida em outros países (tal como foi o caso do Brasil).[115]

Maria Helena Diniz[116] leciona que a grande maioria dos autores vê o negócio jurídico por meio da teoria objetiva de Oskar von Bülow:

---

[114]RIZZARDO, Arnaldo. **Contratos**. 20. ed. Rio de Janeiro: Forense, 2022. p. 3.
[115]VENOSA, Silvio de Salvo. **Direito Civil**: Parte Geral. 22 ed. Barueri – SP: Atlas, 2022. p. 304.
[116]DINIZ, Maria Helena. **Curso De Direito Civil Brasileiro**: Teoria Geral do Direito Civil. 40 ed. São Paulo: Saraiva Jur, 2023. p. 165.

> [....] segundo a qual o negócio jurídico funda-se na "autonomia privada", ou seja, no poder de autorregulação dos interesses que contém a enunciação de um preceito, independentemente do querer interno. Apresenta-se, então, o negócio jurídico como uma "norma concreta estabelecida pelas partes".

Em tal concepção a mera manifestação da vontade não basta para a aquisição, conservação, transferência ou modificação de um direito, sendo necessário que a manifestação visada pelo interessado, "[...] esteja conforme a norma jurídica; isto é assim por-que a própria ordem jurídico-positiva permite a cada pessoa a prática de negócio jurídico, provocando seus efeitos."[117]

Logo, o negócio jurídico deve ser entendido como "[...] a declaração de vontade privada destinada a produzir efeitos que o agente pretende e o direito reconhece".[118]

Contudo, Orlando Gomes[119] destaca que:

> [...] negócio jurídico e declaração de vontade não são expressões equivalentes. A declaração de vontade é a nota comum de todo negócio jurídico, mas este, as mais das vezes, tem estrutura mais complexa. Muitos negócios jurídicos requerem concurso de vontades, realizando-se mediante consenso. Os contratos são, por excelência, os negócios desse tipo. Outros, embora se formem por vontade unilateral, exigem que a declaração seja recebida por aquele a quem se dirige. Negócios há que reclamam, além de declaração de vontade, a prática de determinado ato para nascer o efeito jurídico desejado, como os contratos reais, que só se tornam perfeitos e acabados quando uma das partes entrega à outra a coisa que constitui objeto da prestação (o depósito, o comodato e o mútuo). Outros pedem a intervenção constitutiva da autoridade pública.

Ademais, cabe uma breve classificação do negócio jurídico. Nesse sentido, Silvio de Salvo Venosa[120] classifica-o em:

---

[117] Ibidem.
[118] AMARAL, Francisco. **Direito Civil**: introdução. 10 ed. São Paulo: Saraiva Educação, 2018. p. 465.
[119] VENOSA, op. cit., p. 304.
[120] Ibid., p. 305.

a) Unilaterais e bilaterais. Sendo que os unilaterais são aqueles em que são suficientes e necessária apenas uma única vontade para a produção de efeitos jurídicos. Enquanto os bilaterais dependem sempre de manifestação de duas vontades (além dos plurilaterais que dependem de mais de duas vontades.[121]

b) Complexos, que são aqueles em que há um conglomerado de manifestações de vontade em mesmo sentido, isto é, sem interesses antagônicos.[122]

c) Causais e abstratos, sendo que os causais os que são vinculados à causa do próprio negócio, como é o caso do contrato. E os abstratos tem sua existência desvinculada de sua causa, como é o caso dos títulos de crédito.[123]

d) Onerosos e gratuitos, sendo que nos primeiros, "[...] uma parte cumpre sua prestação para receber outra, como é o caso da compra e venda." Enquanto nos gratuitos há apenas a prestação de uma das partes."[124]

e) Solenes e não solenes, sendo os primeiros aqueles que somente tenham validade se revestidos de determinada forma. Por outro lado, os não solenes são aqueles que não exigem forma especial para a validade da declaração de vontade.[125]

f) Pessoais e patrimoniais, sendo os pessoais aqueles que se ligam às disposições de família (por exemplo, o casamento, reconhecimento de filhos, a emancipação). Enquanto os patrimoniais são aqueles negócios que possuem relacionamento com o patrimônio.[126]

g) De pura administração e de disposição, sendo os primeiros aqueles que não implicam transferência de domínio ou disposição de direitos. E ao contrário *sensu* o de disposição são os que implicam a transferência de direitos.[127]

h) *Mortis causa e inter vivos*. Os *mortis causa* tratam-se de negócios jurídicos que regulam o patrimônio de uma pessoa após o seu

---

[121] Ibidem.
[122] Ibidem.
[123] Ibidem.
[124] Ibidem.
[125] Ibidem.
[126] Ibidem.
[127] Ibidem.

falecimento (tendo, como exemplo, o testamento). O *inter vivos* ao contrário, regulam o patrimônio da pessoa ainda em vida (tendo, como exemplo, a compra e venda).[128]

Superado a compreensão do negócio jurídico, cabe adentar ao exame do *smart contract* sob tal ótica. Inicialmente, faz-se necessário retomar a classificação dos *smart contracts* centralizados e dos *smart contracts* descentralizados.

Tem-se que, os *smart contracts* centralizados são os *smart contracts* em sua forma pura, ou seja, sem a associação à nenhuma plataforma descentralizada. Logo, constituem-se de códigos de computador que autoexecutam uma programação (previamente estabelecida) em uma plataforma centralizada, sujeita ao controle de terceiros (incluindo o judiciário).

Por outro lado, os *smart contracts* descentralizados são códigos de computador que são autoexecutados em uma plataforma descentralizada, que por razões técnicas (relacionadas à blockchain), deixa de ser sujeita ao controle de terceiros (incluindo o judiciário).

Ao que tange aos *smart contracts* centralizados estes estariam consoantes ao negócio jurídico, isto, em razão dos mesmos, embora estejam em ambiente virtual, sejam indubitavelmente declarações de vontade, que se destinam a produzir efeitos que o agente pretende e que o direito reconhece.

De outro vértice, os *smart contracts* descentralizados não necessariamente estão em conformidade com o negócio jurídico, isto, em razão de terem o potencial de produzir efeitos que o direito não reconhece, como exemplo, um negócio jurídico com um objeto ilícito, que mesmo sendo nulo continuaria produzindo efeitos, e ainda teria uma provável impossibilidade técnica de controle por parte do judiciário, haja vista que tais efeitos estão sendo emanados por meio plataformas descentralizadas (ausentes de intervenções de terceiros).

Deste modo, só seriam negócios jurídicos os *smart contracts* descentralizados em conformidade com o negócio jurídico, ao passo que os *smart contracts* descentralizados em desconformidade não poderiam

---

[128] Ibidem.

ser considerados negócios jurídicos, haja vista que os negócios jurídicos produzem efeitos que o agente pretende e que o direito reconhece.

Sendo assim, respondendo ao questionamento inicial do capítulo, observa-se que todos os *smart contracts* centralizados podem ser considerados negócios jurídicos. Todavia, nem todos *smart contracts* descentralizados podem ser considerados negócios jurídicos, logo, podendo ser considerados apenas os *smart contracts* descentralizados que estiverem em conformidade com o negócio jurídico, produzindo efeitos que ao agente pretende e que o direito reconhece.

4   SMART CONTRACT: ANÁLISE À LUZ DA TEORIA CONTRATUAL

Antes de iniciar a análise do *smart contract* à luz da Teoria Contratual, cabe realizar uma breve introdução a respeito do que se trata tal teoria, iniciando-se pelo conceito de contrato.

Nos dizeres de Enzo Roppo[129] o contrato se trata de um conceito jurídico:

> [...] uma construção da ciência jurídica elaborada (além do mais) com o fim de dotar a linguagem jurídica de um termo capaz de resumir, designando-os de forma sintética, uma série de princípios e regras de direito, uma disciplina jurídica complexa.

Nesse sentido, Enzo Roppo[130] afirma que tal como todos os outros conceitos jurídicos, o conceito de contrato não pode ser entendido apenas em sua análise jurídica, sendo necessário levar em consideração a realidade econômico-social em que se reveste.

Adentrando a teoria contratual, esta não se rege apenas pelo estudo do contrato (e as relações jurídicas estabelecidas entre as partes envolvidas), mas também "[...] por diversos princípios, alguns clássicos, tradicionais e outros modernos ou também chamados de sociais".[131]

Isto posto, a teoria contratual tratar-se-ia de um ramo do Direito ao qual estuda-se os contratos, suas relações jurídicas e suas funções econômicas, logo, essa teoria busca compreender a formação dos contratos, suas concepções, seus elementos essenciais, etc.[132]

Superado esta breve introdução sobre o tema, no presente capítulo, o *smart contract* será investigado sob a análise da Escada Ponteana (plano da existência, validade e eficácia), em seguida sob a análise das

---

[129]ROPPO, Enzo. **O contrato**. Coimbra: Almedina, 2009. p.7

[130]Ibid., p.7-8.

[131]BARBOSA, Haroldo Camargo. Princípios contratuais na teoria clássica e na Pós-modernidade. **Revista do Direito Privado da UEL**, Londrina, v.1, n.2, p. 1-14, 2005. Disponível em: https://www.uel.br/revistas/direitoprivado/artigos/Princ%C3%ADpiosTCl%C3 %A1ssicaHaroldoCamargo.pdf. Acesso em: 1 abr. 2023. p. 2.

[132]GOMES, Orlando. **Contratos**. 28. ed. Rio de Janeiro: Forense, 2022. p.36.

hipóteses de violação da Escada Ponteana (inexistência, invalidade e ineficácia) e posteriormente sob a ótica de sua autoexecução, autotutela e tutela jurisdicional. Para que ao final, seja analisado a natureza jurídica dos *smart contracts*, em especial, investigando se os *smart contracts* possuem a natureza jurídica de contrato, isto é, se os mesmos se tratam ou não de contratos propriamente ditos.

4.1 Análise da escada ponteana

Adentrando à análise do *smart contract* à luz da teoria contratual, faz-se necessário a análise da estrutura dos três planos do negócio jurídico (existência, validade e eficácia), conhecido pela doutrina como Escada Ponteana (em homenagem ao jurista Pontes de Miranda, que foi responsável por preceituar tal teoria no Brasil).

4.1.1 Plano da existência

Para tratar do plano da existência do negócio jurídico Pontes de Miranda[133] utiliza-se de uma conceituação negativa, ou seja, conceitua o que se trata de um negócio jurídico inexistente, que consoante ao autor, seria o negócio cujo ato exigia uma declaração de vontade expressa e não o teve; que exigia declaração de vontade e essa não ocorreu; cujo fato exigia qualquer ato humano, e não ocorreu; o que carece o ato-fato e o fato jurídico que faltou o suporte fático.

Em síntese ao pensamento do autor, "a questão da existência e da inexistência está, portanto, ligada à da insuficiência, e não à da deficiência do suporte fático".[134]

Ainda ao que se refere ao plano da existência, Antônio Junqueira de Azevedo[135] esclarece que o plano da existência do negócio jurídico se subdivide em três: a) os elementos gerais, b) os elementos categoriais e, c) os elementos particulares.

---

[133]MIRANDA, Pontes de. **Tomo 1**: Mundo jurídico e Existência dos fatos jurídicos. São Paulo: Revista dos Tribunais, 2012a. loc. 48.
[134]Ibidem.
[135]AZEVEDO, Antônio Junqueira de. **Negócio Jurídico**: existência, validade e eficácia. São Paulo: Saraiva, 2002. p. 40.

A respeito dos elementos gerais, estes se tratam daqueles indispensáveis à existência de todos os negócios jurídicos, se subdividindo na forma que a declaração ocorre (ou seja, no tipo de manifestação, seja escrita, mímica, oral, etc.); o objeto, isto é, o conteúdo do contrato (as cláusulas, disposições, etc.); e as circunstâncias negociais, que abarcam a declaração de vontade que faz com que a manifestação se destina a produção de efeitos jurídicos.[136]

Ademais, os elementos gerais subdividem-se em "[...] a) intrínsecos (ou constitutivos): forma, objeto e circunstâncias negociais; e b) extrínsecos (ou pressupostos): agente, lugar e tempo do negócio".[137]

Já os elementos categoriais tratam-se dos elementos próprios a categorias do negócio jurídico, isto é, não resultam da vontade das partes, mas sim da ordem jurídica, ou seja:

> São os que caracterizam a natureza jurídica de cada tipo de negócio. Os elementos categoriais são revelados pela análise doutrinária da estrutura normativa de cada categoria de negócio. São exemplos de categorias de negócio: compra e venda, doação, depósito, comodato, mútuo, locação e os contratos em geral; distratos; casamento; pactos antenupciais; emancipação; reconhecimento de filho ilegítimo; adoções; testamentos; codicilos; aceitação e abstenção de herança.[138]

Por derradeiro, os elementos particulares tratam-se daqueles que são opostos pelas partes, existindo em um negócio jurídico singular, sem serem próprios de todos os negócios jurídicos ou mesmo de uma categoria de negócio jurídico.

Antônio Junqueira de Azevedo[139] esclarece que os elementos particulares se distinguem dos elementos categoriais por serem sempre voluntários, tendo-se como exemplo de tais elementos a condição (cláusula que subordina os efeitos do negócio jurídico a evento futuro e incerto), o termo (subordina os efeitos do negócio jurídico a evento futuro e certo) o encargo (que restringe uma liberdade, impondo algo tal como uma contraprestação).

---

[136] Ibidem.
[137] Ibid., p. 42.
[138] Ibid., p. 43.
[139] Ibid., p. 46.

Deste modo, relacionando os *smart contracts* ao plano da existência, tem-se a possibilidade de os mesmos preencherem tal pilar do negócio jurídico, pois, o *smart contract* trata-se de uma tecnologia que exprime sua manifestação por meio da linguagem computacional, que indubitavelmente pode ser compreendida pelo ser humano (sendo um meio apto de manifestação), bem como, detém a capacidade de produção de efeitos na realidade fática.

Logo, desde que os *smart contracts* respeitem os elementos gerais, os elementos categoriais (em determinados casos) e os elementos particulares (se for o caso), ter-se-ia o preenchimento do plano da existência.

4.1.2 Plano da validade

A respeito do plano da validade, trata-se de uma continuidade lógica após a percepção da existência do negócio jurídico, isto é, haja vista que o mesmo existe, faz-se necessário a observância de sua validade perante o ordenamento jurídico.[140]

Nesse sentido, Pontes de Miranda[141] esclarece que "para que o ato jurídico possa valer, é preciso que o mundo jurídico, em que se lhe deu entrada, o tenha por apto a nele atuar e permanecer".

A respeito da validade, Antônio Junqueira de Azevedo[142] discorre:

> A validade é, pois, a qualidade que o negócio deve ter ao entrar no mundo jurídico, consistente em estar de acordo com as regras jurídicas ("ser regular"). Validade é, como o sufixo da palavra indica, qualidade de um negócio existente. "Válido" é adjetivo com que se qualifica o negócio jurídico formado de acordo com as regras jurídicas.

Deste modo, o plano da validade aborda os pressupostos de validade do negócio jurídico, que se põe na dogmática jurídica, ou seja, trata-se de uma questão técnica jurídica, no qual o sistema jurídico

---

[140]Ibid., p. 49.
[141]MIRANDA, Pontes de. **Tomo 4**: Validade. Nulidade. Anulabilidade. São Paulo: Revista dos Tribunais, 2012b. loc. 12.
[142]AZEVEDO, op. cit., p. 50.

estabelece critérios norteadores que constituem como limites gerais de validade.[143]

No caso do sistema jurídico brasileiro, visualiza-se tais critérios no art. 104 do Código Civil[144]:

> Art. 104. A validade do negócio jurídico requer:
> I - agente capaz;
> II - objeto lícito, possível, determinado ou determinável;
> III - forma prescrita ou não defesa em lei

A respeito da capacidade do agente (agente capaz), faz-se necessário observar duas situações distintas, a primeira trata-se da capacidade da pessoa física e a segunda da capacidade da pessoa jurídica.

A respeito da primeira situação (capacidade da pessoa física):

> Nos termos do art. 3º do CC, são absolutamente incapazes os menores de 16 anos, apenas. Para esses, há a necessidade de estarem representados (instituto da representação) por seus pais (representantes legais) ou pelos tutores. Caso contrário, o negócio realizado pelo absolutamente incapaz sem a devida representação é considerado como ato nulo (art. 166, I, do CC). Por seu turno, o art. 4º do CC estipula que são relativamente incapazes os maiores de dezesseis e menores de dezoito anos; os ébrios habituais e os viciados em tóxico; aqueles que, por causa transitória ou permanente, não puderem exprimir sua vontade; os pródigos. Nessa hipótese, os relativamente incapazes devem ser assistidos (instituto da assistência) pelas pessoas a quem a lei determinar (representantes legais; tutores, em razão da idade; ou curadores, para os demais casos).[145]

A respeito da segunda situação (capacidade da pessoa jurídica), o art. 45 do Código Civil esclarece que esta surge com a inscrição do ato constitutivo no respectivo registro, logo, para que a pessoa jurídica seja capaz ela precisa inicialmente existir, e ser devidamente representada na

---

[143]MELLO, op. cit., p. 23.

[144]BRASIL. **Lei nº 10.406, de 10 de janeiro de 2002.** Institui o Código Civil. Brasília, DF: Presidência da República [2002]. Disponível em: https://www.planalto.gov.br/ccivil_03/leis/2002/l10406compilada.htm. Acesso em: 01 abr. 2023. n.p.

[145]GARCIA JUNIOR, Vanderlei. **Negócio Jurídico.** São Paulo: Expressa, 2022. p. 13.

esfera judicial consoante o seu ato constitutivo e as formalidades previstas em lei.[146]

No que tange ao objeto, destaca-se que o texto legal do art. 104 do Código Civil traz três requisitos: a) que o objeto seja lícito, b) possível e, c) determinado.

Sobre a licitude, trata-se da necessidade que o objeto não seja proibido ou vedado pelo ordenamento jurídico. Desta forma, Vanderlei Garcia Junior[147] destaca que:

> [...] os objetos das relações jurídicas são as "coisas", materiais ou imateriais, que têm valor econômico e que podem servir de objeto a uma relação jurídica; serão, portanto, objetos dos negócios jurídicos todos os bens, que sejam passíveis de aferição econômica e de apropriação humana. Ademais, é necessário que apresentem os seguintes requisitos ou caracteres:
> a) que tenha idoneidade para satisfazer um interesse econômico;
> b) que tenha gestão econômica autônoma; e
> c) que seja apto à subordinação jurídica ao seu titular.

Sobre a possibilidade do objeto, indica ser aquele o objeto que está disponível juridicamente e fisicamente. Deste modo, a possibilidade do objeto necessita ser verificada no plano jurídico e material (físico). Tem-se como objeto juridicamente impossível a contratação de herança de pessoa viva (por força da proibição do art. 426 do Código Civil) e de impossibilidade física algo que seja impossível (insuscetível juridicamente), como a obrigação de uma pessoa do Brasil chegar até o Japão em 15 segundos.[148]

Ademais, o objeto há de ser determinado ou determinável, terminado trata-se do objeto, certo, identificado, diferente de qualquer outro da mesma espécie, tal como a venda de um veículo automotor, no qual há a especificação da placa, da marca e do chassi. Todavia, cabe elucidar que há a possibilidade de o negócio jurídico não especificar exatamente o objeto, mas ao menos indica-lo quanto ao gênero e

---

[146]Ibidem.

[147]GARCIA JUNIOR, op. cit., p. 14.

[148]THEODORO JÚNIOR, Humberto; FIGUEIREDO, Helena Lanna. **Negócio Jurídico**. Rio de Janeiro: Forense, 2021. p. 101.

quantidade, como acontece na obrigação de dar coisa incerta (consoante o art. 243 do Código Civil), ou seja, embora a coisa não seja perfeitamente identificada, se faz possível determiná-la a partir de elementos indicados no negócio.[149]

Sobre a forma não prescrita ou não defesa em lei, diz que a validade da declaração de vontade não depende de forma especial, a não ser que lei expressamente exija. Nesse sentido, negócios jurídicos são em regra informais (como preceitua o art. 107 do Código Civil), consagrando o princípio da liberdade das formas.[150]

Todavia, Vanderlei Garcia Junior[151] destaca que:

> [...] conforme art. 108 do CC, não dispondo a lei em contrário, a escritura pública é essencial à validade dos negócios jurídicos que visem à constituição, transferência, modificação ou renúncia de direitos reais sobre imóveis de valor superior a trinta vezes o maior salário-mínimo vigente no País. Assim, conforme Enunciado nº 289 do CJF/STJ, "O valor de 30 salários-mínimos constante no art. 108 do Código Civil brasileiro, em referência à forma pública ou particular dos negócios jurídicos que envolvam bens imóveis, é o atribuído pelas partes contratantes, e não qualquer outro valor arbitrado pela Administração Pública com finalidade tributária".

Relacionando os *smart contracts* ao plano da validade, tem-se que os *smart contracts* por se tratarem de uma ferramenta (um meio) poder-se-iam se adequar a tal pilar (do plano da validade).

No entanto, cabe parcimônia na adequação de alguns pontos, isto pois, o *smart contract* em sua modalidade descentralizada, tem o potencial de produzir efeitos ainda que o negócio jurídico não seja válido.

Por exemplo, um *smart contract* descentralizado celebrado por um agente incapaz, que embora não tenha validade, ainda sim continuaria a produzir efeitos, que não poderiam ser cessados pelo poder judiciário em razão da impossibilidade técnica (em regra) de controle de plataformas descentralizadas.

Isto posto, os *smart contracts* tratam-se de ferramentas que precisam ser utilizados em consonância com os critérios do art. 104 do

---

[149]Ibidem.
[150]GARCIA JUNIOR, op. cit., p. 14.
[151]Ibidem.

Código Civil, ou seja, se o *smart contract* (seja ele centralizado ou descentralizado) preencher tais critérios será considerado como válido.

4.1.3 Plano da eficácia

O último plano do negócio jurídico trata-se da eficácia, constituindo-se como o último degrau da escada Ponteana. A respeito deste plano, esclarece-se que se trata da "irradiação do fato jurídico; portanto, depois da incidência da regra jurídica no suporte fático, que assim, e só assim, passa a pertencer ao mundo jurídico."[152]

Neste sentido, o plano da eficácia trata-se do plano da produção e verificação dos efeitos do negócio jurídico, onde se localizam os fatores que suspendem (ou resolvem) a produção dos efeitos do negócio jurídico, por exemplo, quando há a presença dos elementos acidentais (condição, termo e encargo), ou outros institutos relacionados à produção de efeitos (como, o inadimplemento obrigacional, o registro, a rescisão contratual, o casamento para o pacto antenupcial, etc.).[153]

A respeito dos elementos acidentais, estes recebem tal nome em razão de não estarem comumente (em regra) presentes nos negócios jurídicos, e sua presença modifica uma ou algumas consequências naturais do percurso do negócio jurídico.[154]

Compõe os elementos acidentais a condição, o termo e o encargo. A respeito da condição, esta se trata de elemento voluntário (derivado exclusivamente da vontade das partes) que subordina a eficácia do negócio jurídico a um acontecimento futuro incerto.[155]

Neste sentido, o art. 122 do Código Civil[156] esclarece:

> Art. 122. São lícitas, em geral, todas as condições não contrárias à lei, à ordem pública ou aos bons costumes; entre as condições defesas se incluem as que privarem de todo efeito

---

[152]MIRANDA, Pontes de. **Tomo 5**: Eficácia jurídica. Determinações inexas e anexas. Direitos. Pretensões. Ações. São Paulo: Revista dos Tribunais, 2012c. loc. 10.
[153]GARCIA JUNIOR, op. cit., p. 15.
[154]Ibidem.
[155]Ibidem.
[156]BRASIL, 2002a, op. cit., n.p.

o negócio jurídico, ou o sujeitarem ao puro arbítrio de uma das partes.

Além disso, os efeitos da condição podem ser suspensivos ou resolutivos:

> Condição suspensiva: é aquela que, enquanto não se verificar, o negócio jurídico não gera efeitos, como ocorre com a venda a contento, ou com a dação para contemplação de casamento futuro.
> Condição resolutiva: por sua vez, a condição resolutiva é aquela que, enquanto não se verificar, não acarretará nenhuma consequência para o negócio jurídico, que produzirá regularmente todos os seus efeitos. Dessa forma, os efeitos serão verificados e os direitos efetivados desde o momento da conclusão do negócio jurídico. Sobrevindo a condição resolutiva, extinguirá para todos os efeitos, os direitos a que ela se opõe. Mas, se aposta em um negócio jurídico de execução continuada ou periódica, a sua realização, salvo disposição em contrário, não tem eficácia quanto aos atos já praticados, desde que compatíveis com a natureza da condição e conforme os ditames da boa-fé. Assim, é certo dizer que, nesses casos, os efeitos serão *ex nunc*, a partir do implemento da condição.[157]

Por fim, o art. 129 do Código Civil[158] consagra a presença da boa-fé objetiva, vedando a atuação dolosa e de má fé dos negociantes, reputando como verificada quanto aos efeitos, a condição cujo implemento for maliciosamente obstado pela parte que for desfavorecida, e o contrário também ocorre, não sendo verificado a condição maliciosamente levada a efeito por quem se aproveita de seu implemento.

O termo trata-se da subordinação de efeitos do negócio jurídico a eventos futuros e certos, logo, sendo considerado como elemento acidental que determina um marco temporal para que os efeitos do negócio jurídico sejam produzidos, ou seja, determinando o começo ou o fim dos efeitos jurídicos.[159]

---

[157]GARCIA JUNIOR, op. cit., p. 15.
[158]BRASIL, 2002, op. cit., n.p.
[159]GARCIA JUNIOR, op. cit., p. 16.

A diferença entre o termo e a condição é que a futuridade do termo se trata de algo certo, ou seja, de um evento certo (que irá ocorrer) ao qual o negócio jurídico está subordinado.

Ao que tange a diferença do termo suspensivo ou resolutivo, Vanderlei Garcia Junior[160] esclarece:

> Assim como ocorre com a condição, o termo também pode ser suspensivo ou resolutivo. No entanto, aqui, ele é denominado de termo inicial (ou dies a quo), que é o dia a partir de quando os efeitos de um negócio jurídico começam a produzir. Importante verificar que ele (o termo inicial) não instaura ou inaugura a relação jurídica quando ele é implementado, visto que ela já existe desde a sua origem. Na verdade, o acontecimento do evento futuro e certo apenas inicia a produção dos efeitos. A segunda hipótese, do resolutivo, no termo corresponde ao dia em que cessam os efeitos do ato negocial, denominado de termo final (ou dies ad quem).

O último dos elementos acidentais trata-se do modo ou encargo, que é "[...] a manifestação de vontade anexa (evite-se, porque há modus principal, falar-se de manifestação acessória de vontade), consiste em vínculo a cargo do onerado, podendo ter, em certas espécies, excepcionalmente, eficácia resolutiva."[161]

Pontua-se que o modo ou encargo não se trata de uma prestação/contraprestação sinalagmática, mas sim de um peso (um ônus) de uma obrigação atrelada a uma vantagem (ou mesmo uma restrição) percebida por um beneficiário. Assim, o beneficiário suporta o ônus para que o negócio jurídico produza seus efeitos (como exemplo, a situação na qual há a doação de um haras, porém com o dever de cuidar de todos os cavalos).[162]

Por fim, ressalta-se que comumente o encargo ou modo relaciona-se aos negócios jurídicos não onerosos ou benévolos, como a doação, testamento ou do legado, que gera um ônus relacionado a esta liberdade.[163]

---

[160]Ibidem.
[161]MIRANDA, 2012c, op. cit., loc. 102.
[162]GARCIA JUNIOR, op. cit., p. 17.
[163]Ibidem.

Ademais, Vanderlei Garcia Junior[164] leciona:

> O encargo pode ser uma restrição no uso da coisa (exemplo: doo a casa, desde que no local seja feito um asilo; enquanto não der a destinação, não pode utilizar o bem para outra finalidade); ou pode ser uma vantagem imposta àquele que é beneficiário (exemplo: doo a casa se cuidar da minha saúde, enquanto estiver cuidando, já pode exercer os direitos inerentes àquele bem).

Por derradeiro, cabe mencionar que ao contrário da condição e do termo, o encargo não suspende a aquisição nem o exercício do direito, exceto quando é expressamente imposto ao negócio jurídico, como condição suspensiva, consoante ao art. 136 do Código Civil.[165]

Relacionando os *smart contracts* ao plano da eficácia, tem-se a plena possibilidade de aplicação de tal elemento essencial ao negócio jurídico à tecnologia dos *smart contracts*, todavia, tal como os demais elementos (existência e validade) a eficácia possui regras (vislumbradas ao longo do tópico) que devem ser seguidas.

Cabe destacar que mesmo os *smart contracts* descentralizados têm a plena possibilidade de adequação ao plano da eficácia do negócio jurídico. Como exemplo hipotético de adequação, tem-se um *smart contract* descentralizado que autoexecuta um pagamento mensal com criptomoedas referente a hospedagem de um site que teve como termo inicial o dia 1 de janeiro de 2023 e termo final o dia 1 de janeiro de 2026.

4.2   Análise das hipóteses de violação da escada ponteana

No capítulo anterior vislumbrou-se o plano da existência, validade e eficácia (conhecida como a Teoria da Escada Ponteana), associando tais planos aos *smart contracts*. Em continuidade, neste capítulo será vislumbrado as consequências da violação da Escada Ponteana, a fim de associar tais efeitos aos *smart contracts* que por ventura não se adequarem.

---

[164]Ibidem.
[165]Ibidem.

4.2.1 Inexistência

O primeiro plano da escada Ponteana trata-se da existência, logo, a sua violação trata-se da inexistência. Caio Mário da Silva Pereira[166] esclarece que a inexistência (imaginada por Zacchariae e desenvolvida na doutrina francesa e italiana) embora seja aceita por boa parte da doutrina, não se trata de algo pacífico, em razão da argumentação à respeito da sua desnecessidade.

A desnecessidade da inexistência surge em razão do seu próprio conceito, ao qual o ato inexistente seria algo contrário ao ato existente, ou seja, "[...] a própria expressão ato inexistente não passa de uma *contradictio in adiectio*, por ver que o ato pressupõe a existência de algo, e a inexistência é a sua negação".[167]

Nesse sentido, Caio Mário da Silva Pereira[168] adverte que alguns autores confundem o ato inexistente com o ato nulo e com o ato anulável. Todavia, o ato inexistente é aquele que falta o pressuposto material em sua constituição, diferente do ato nulo, no qual há a falta de pressupostos do fato do negócio jurídico.

Como exemplo, tem-se que:

> Quando o objeto é ilícito ou impossível, o ato é nulo; mas se inexiste objeto, será inexistente o ato. São hipóteses diferentes, pois em um caso o objeto existe, mas a relação jurídica deixa de se constituir por sua afronta à lei, à moral, aos bons costumes, ou por ser aquele inatingível; no outro caso, não se forma o ato, por ausência total de objeto.[169]

Destarte, evidencia-se que o ato inexistente não pode produzir nenhum efeito jurídico, independente do pronunciamento de sua inexistência, ao contrário do ato nulo, cuja invalidade ainda produz efeitos, tendo de ser apurada juridicamente.

---

[166]PEREIRA, Caio Mário da Silva. **Instituições de Direito Civil**: Introdução ao Direito Civil. Rio de Janeiro: Forense, 2011. p. 542.
[167]Ibidem.
[168]Ibid., p. 542-543.
[169]Ibid., p. 543.

Como exemplo, Caio Mário da Silva Pereira[170] trata do caso do contrato de compra e venda de um imóvel de valor superior à taxa legal que é nulo, se não revestir a forma pública (Código Civil, art. 108), entretanto, mesmo sendo nulo "[...] o juiz terá de proferir um decreto de nulidade".

Caio Mário da Silva Pereira[171] novamente exemplifica:

> No campo do direito de família, que foi onde nasceu a figura do ato inexistente, é mais flagrante a diferenciação. Será nulo o matrimônio celebrado por juiz incompetente, nulidade que fica, entretanto, sanada pelo decurso de dois anos. Se os nubentes fizeram uma farsa de casamento, perante pessoa que é incompetente *ex ratione materiae* (por exemplo, o presidente de uma sociedade anônima ou um delegado de polícia), nem há casamento que possa produzir qualquer efeito, nem o decurso de dois anos pode convalidá-lo, transformando uma pantomina em ato gerador de consequências jurídicas.

Associando os *smart contracts* com o ato inexistente, tratar-se-ia de um *smart contract* que sequer chegou a existir, por exemplo, um *smart contract* com erros em seus códigos que tornaram impossível sequer a sua inicialização. Ou seja, um *smart contract* que não existiu, logo, não conseguiu produzir efeito algum, e por esse motivo tratou-se de um ato inexiste.

4.2.2 Invalidade

Caminhando para a invalidade, Pontes de Miranda[172] esclarece que tal expressão (também conhecida como *não validade*) foi utilizada pela primeira vez por Friedrich Carl von Savigny, tendo como significado que a invalidade é uma consequência jurídica de uma irregularidade do negócio jurídico relativa a seus pressupostos e requisitos.

Nesse sentido, a invalidade (via de regra) traz como consequência a ineficácia do negócio jurídico. Todavia, o conceito de invalidade e ineficácia não se tratam de sinônimos. Isto pois, a invalidade implica (via

---

[170]Ibidem.
[171]Ibid., p. 544.
[172]MIRANDA, 2012b, op. cit., loc. 18.

de regra) na ineficácia do negócio jurídico, no entanto, a ineficácia não implica na invalidade do negócio jurídico.[173]

Orlando Gomes[174] traz o seguinte exemplo de invalidade:

> O contrato é inválido quando falta ou é defeituoso um de seus pressupostos ou requisitos, como o celebrado pessoalmente pelo absolutamente incapaz ou aquele no qual o consentimento foi manifestado por erro. No primeiro caso, falta um pressuposto; no segundo, um dos requisitos está viciado. É uma deficiência intrínseca do contrato que impede a produção dos seus normais efeitos.

Assim, no que tange à ineficácia, tem-se como exemplo o contrato que embora válido não produz, temporária ou definitivamente, total ou parcialmente, seus efeitos, em razão da existência de obstáculo extrínseco que impede a modificação de sua relação jurídica, sendo tal obstáculo cláusula que subordina sua execução à determinadas condições.[175]

Ademais, a fim de que haja a devida compreensão do tema associado aos *smart contracts*, cabe subdividir a invalidade em: a) nulidade, e b) anulabilidade, isto partindo da classificação de Caio Mário da Silva Pereira.[176]

4.2.2.1 Nulidade

Tratando-se da nulidade, "é nulo o negócio jurídico, quando, em razão do defeito grave que o atinge, não pode produzir o almejado efeito. É a nulidade a sanção para a ofensa à predeterminação legal".[177]

Neste sentido, a nulidade nem sempre é declarada na lei, podendo estar enunciada em um princípio, imperativo ou proibitivo, que comina a pena específica ao transgressor, tratando-se nesse caso de nulidade expressa ou textual. Ademais, em determinadas ocasiões, a lei proíbe o ato ou estipula sua validade ao preenchimento de determinados

---

[173]GOMES, Orlando. **Contratos**. 28. ed. Rio de Janeiro: Forense, 2022. p. 223.
[174]Ibidem.
[175]Ibidem.
[176]PEREIRA, op. cit., p. 529.
[177]Ibidem.

requisitos, que quando ofendidos trata-se da hipótese de nulidade explícita ou virtual.[178]

Além disso, Caio Mário da Silva Pereira[179] esclarece que em razão da nulidade ter uma grande abrangência e defluir de uma imposição da lei (no caso do ordenamento pátrio, do art. 166 e seguintes do Código Civil), diz- se que a nulidade é de pleno direito (*pleno iure*) ou absoluta.

Desse modo, Caio Mário da Silva Pereira[180] leciona que a nulidade possui inspiração no respeito à ordem pública, possuindo o negócio jurídico um tríplice aspecto (o aspecto subjetivo, objetivo e forma), ou seja, considerando-se nulo o negócio quando:

> [...] praticado por pessoa absolutamente incapaz (condição subjetiva), quando for ilícito, impossível ou indeterminável o seu objeto (condição objetiva), quando não revestir a forma prescrita ou for preterida alguma solenidade que a lei considere essencial à sua validade (condição formal). A motivação, via de regra, não atinge a declaração de vontade. Falsa causa *non nocet*. Quando, porém, ambas as partes são conduzidas por motivo ilícito, o negócio não pode produzir efeitos, por contrariedade à ordem jurídica (art. 166, III) [...] O dispositivo (art. 166, VI) usa o vocábulo fraudar em sentido genérico, de usar subterfúgio para contrariar a lei por via travessa. Em especial, pode ser destacada a nulidade textual, quando a lei declara nulo o negócio jurídico (art. 166, VII).

É mister mencionar que a nulidade é insanável em regra, não podendo sequer o ato se convalescer pelo decurso do tempo. Todavia, a exceção encontra lugar em casos excepcionais, "[...] (por exemplo, art. 208, 2ª parte, do CC), é também resultante do desejo do legislador de evitar que, por excessiva severidade, percam-se negócios úteis econômica ou socialmente."[181]

Em mesmo sentido, esclarece-se que a nulidade de uma cláusula (em regra) não pode levar a nulidade de todo o negócio, ou seja, caso ocorra a nulidade parcial (que é a nulidade de uma cláusula, conhecida como *utile per inutile non vitiatur*) admite-se que o negócio persista sem

---

[178]Ibid., p. 529-530.
[179]Ibid., p. 530.
[180]Ibid., p. 531.
[181]AZEVEDO, op. cit., p. 76.

a cláusula defeituosa, se esta for separável (sendo assim, caso a cláusula seja inseparável, trata-se de uma exceção à regra).[182]

Por derradeiro, também há a ocorrência de nulidade quando o negócio jurídico for simulado. Humberto Theodoro Júnior e Helena Lanna Figueiredo[183] lecionam que no Código Civil de 1916 a simulação era causa de anulação, no entanto, o Código de 2002, seguindo a tendência do Código Alemão (BGB) traz como consequência para nulidade o negócio simulado.

Nesse sentido, para o direito brasileiro a natureza jurídica do negócio jurídico simulado é a de negócio nulo, isto porque, o negócio jurídico simulado é aquele que decorre de uma falsidade com o objetivo de enganar, ou seja, de simular um negócio jurídico que na realidade não tem como fulcro a produção do efeito que deveria produzir.[184]

Sendo assim, a simulação consiste "[...] em celebrar-se um ato, que tem aparência normal, mas que, na verdade, não visa ao efeito que juridicamente devia produzir"[185]

Classifica-se a simulação em absoluta ou relativa:

> Pode a simulação ser absoluta ou relativa. Será absoluta quando o negócio encerra confissão, declaração, condição ou cláusula não verdadeira, realizando-se para não ter qualquer eficácia. Diz-se aqui absoluta, porque há uma declaração de vontade que se destina a não produzir resultado. O agente aparentemente quer, mas na realidade não quer; a declaração de vontade deveria produzir um resultado, mas o agente não pretende resultado algum. A simulação se diz relativa, também chamada dissimulação, quando o negócio tem por objeto encobrir outro de natureza diversa (e.g., uma compra e venda para dissimular uma doação), ou quando aparenta conferir ou transmitir direitos a pessoas diversas daquelas às quais realmente se conferem ou transmitem (e.g., a venda realizada a um terceiro para que este transmita a coisa a um descendente do alienante, a quem este, na verdade, tencionava desde logo transferi-la). E é relativa em tais hipóteses, porque à declaração de vontade deve seguir-se um resultado, efetivamente querido pelo agente, porém diferente do que é o

---

[182]Ibid., p.76-77.
[183]THEODORO JÚNIOR; FIGUEIREDO, op. cit., p. 218.
[184]Ibidem.
[185]PEREIRA, op. cit., p. 532.

> resultado normal do negócio jurídico. O agente faz a emissão
> de vontade, e quer que produza efeitos; mas é uma declaração
> enganosa, porque a consequência jurídica em mira é diversa
> daquela que seria a regularmente consequente ao ato.[186]

Ademais, Caio Mário da Silva Pereira[187] esclarece que se a simulação for inocente por não trazer prejuízo a quem quer que seja, "[...] estará a coberto da declaração de nulidade *ex officio*, tanto mais que o próprio art. 167 ressalva o ato que se dissimulou, bem como os interesses de terceiros (§ 2°)."

Já no caso da simulação maliciosa, que se trata da simulação na qual há intenção de prejudicar terceiros ou de violar disposição da lei, em razão da malícia ou má-fé do agente, há a ocorrência da nulidade do negócio. Isto é, "[...] a simulação inocente, porque o é e enquanto o for, não leva à nulidade do negócio. A maliciosa pode ter como consequência a nulidade do negócio."[188]

Antes de partir para a anulabilidade, cabe associar o recorte das nulidades aos *smart contracts*. Sendo necessário fazer uma breve síntese antes de tal associação, logo, retomando-se ao art. 166 do Código Civil[189] o qual diz que, é nulo o negócio jurídico quando:

> I - celebrado por pessoa absolutamente incapaz;
> II - for ilícito, impossível ou indeterminável o seu objeto;
> III - o motivo determinante, comum a ambas as partes, for ilícito;
> IV - não revestir a forma prescrita em lei;
> V - for preterida alguma solenidade que a lei considere essencial para a sua validade;
> VI - tiver por objetivo fraudar lei imperativa;
> VII - a lei taxativamente o declarar nulo, ou proibir-lhe a prática, sem cominar sanção.

Além disso, tem-se a hipótese do negócio jurídico simulado, que subsiste o que se dissimulou, ressalvando-se os direitos de terceiros de boa-fé em face dos contraentes de tal negócio.[190]

---

[186]Ibid., p. 534.
[187]Ibidem.
[188]Ibidem.
[189]BRASIL, 2002, op. cit., n.p.
[190]Ibidem.

Finalmente ao que tange a associação do recorte a respeito da nulidade aos *smart contracts*, tem-se como desafio inicial a questão da celebração por pessoa absolutamente incapaz. Por exemplo, uma criança de 10 anos que ao utilizar-se do computador (sem nenhuma supervisão) acaba por firmar um *smart contract* adquirindo um carro com o pagamento a ser realizado mensalmente (e de forma automática) com criptomoedas.

Caso a compra de um carro por uma criança de 10 anos de idade houvesse ocorrido em ambiente real, notoriamente tratar-se-ia de um negócio jurídico nulo. No entanto, ao contrário dos negócios jurídicos realizados em ambiente real, nos *smart contracts* (que ocorrem no ambiente virtual) não é uma regra ser possível identificar as partes que se relacionam no negócio jurídico.

Sendo assim, em *smart contracts* descentralizados que se utilizem de criptoativos não se é possível identificar a identidade das partes, todavia, não se trata de um caso de anonimato, como esclarece Fernando Ulrich[191]: "[...] a Bitcoin não garante o anonimato, mas permite o uso de pseudônimo[192]".

Em razão deste fenômeno de pseudonimização (que se trata do uso de pseudônimo) há como desafio à identificação das partes, que traz como consequências possíveis contratos envolvendo menores de idade (como descrito no exemplo anterior), que embora careçam do plano da validade terão a produção de efeitos, isto quer dizer, os *smart contracts* irão produzir efeitos no mundo fático, embora não devessem produzir, consoante a teoria do negócio jurídico.

Cabe dizer que, tal exemplo anterior se repete nos incisos II, III, IV, V, VI, VII do art. 166 do Código Civil, bem como o art. 167 do mesmo Código. Ou seja, em tais casos, mesmo havendo uma nulidade do negócio jurídico, haverá a produção de efeitos se utilizado a tecnologia dos *smart contracts*.

Outro desafio, trata-se da questão do ambiente descentralizado dos *smart contracts*, isto porque, tal ambiente inviabiliza tecnicamente a intervenção de terceiros. Ou seja, mesmo um *smart contracts*

---

[191]ULRICH, op. cit., p. 21.

[192]Pseudônimo trata-se um nome fictício ou alternativo utilizado por uma pessoa, que inviabiliza a identificação de sua verdadeira identidade.

considerado nulo (e ainda reconhecido em sentença como tal) não deixará de produzir efeitos, haja vista que o ambiente descentralizado é ausente de controle.

4.2.2.2 Anulabilidade

Continuando a análise do pilar da invalidade, cabe adentrar na anulabilidade. Tal teoria foi construída como parte da teoria da invalidade, ou seja, não há diferença na substância entre nulidade e anulabilidade, mas apenas no grau ou intensidade.[193]

Nesse sentido, Pontes de Miranda[194] dispõe:

> [...] a distinção entre nulidade e anulabilidade é criação técnica, que determina tratamentos diferentes, um dos quais é o da *imprescritibilidade* das ações de nulidade, ligada à sua irrenunciabilidade. Seja como for, é à técnica legislativa que toca discriminar as causas de nulidade e as de anulabilidade para que se observem os dois regimes, internos ao plano da validade, atendidas modificações que se entendam, na lei, indispensáveis.

Ao que tange a anulabilidade, esta não possui o mesmo alcance da nulidade, muito menos os mesmos fundamentos, isto pois, na anulabilidade não se vislumbra o interesse público (como visto na nulidade), porém, vislumbra-se a mera conveniência das partes, haja vista que o legislador teve como fundamento à proteção de interesses privados.[195]

Desse modo, a anulabilidade (bem como a nulidade) priva o contrato de seus efeitos, isto caso seja requerido a invalidação à pessoa a favor de quem a lei a determinou, logo, o contrato anulável produz efeitos até ser anulado.[196]

Nesse mesmo diapasão, a anulabilidade é diferida, relativa, sanável e provisória, ou seja, "[...] o contrato subsiste até o momento em

---

[193]THEODORO JÚNIOR; FIGUEIREDO, op. cit., p. 255.
[194]MIRANDA, 2012b, op. cit., loc. 24.
[195]PEREIRA, op. cit., p. 536.
[196]GOMES, op. cit., p. 224.

que o juiz o anula; apenas pode ser pleiteada pela pessoa a quem a lei protege; admite confirmação e se purifica com o decurso do tempo."[197]

Antes de tratar propriamente das causas da anulabilidade, cabe diferenciá-la da nulidade. Ao passo que a nulidade é sanção que se comina a quem viola preceito de ordem pública ou simplesmente coativo, a anulabilidade ocorre contra quem transgride norma com o propósito de proteção dos interesses de particulares (no caso, do contratante) isto, em razão de inaptidão para celebrar o contrato, ou mesmo em razão de causas relacionadas a ausência de livre consentimento.[198]

Orlando Gomes[199] leciona que:

> A distinção é menos de substância do que de grau; daí sua dificuldade. Reconhecem todos que não há critério prático plenamente satisfatório que indique traços capazes de permitir o reconhecimento imediato de uma ou de outra forma de invalidade, declarando o contrato nulo ou anulável, mas, quando a nulidade não é textual, a distinção, frequentes vezes, torna-se difícil porque o critério de imperatividade da norma não é absoluto. Há leis coativas cuja transgressão pelas partes contratantes não acarreta a nulidade da disposição contratual, mas, tão somente, sua anulabilidade. O que importa verificar é a importância social do preceito infringido e, em última análise, a *ratio legis*. Em princípio, produzem a nulidade do contrato, além da infração de normas imperativas, a falta de um dos requisitos para a validade dos negócios jurídicos em geral, a causa ilícita e a impossibilidade de determinação do objeto.

Do ponto de vista contratual, interessa distinguir a nulidade da anulabilidade e suas consequências, haja vista o estudo dos *smart contracts*. Sendo assim, ao que se refere ao contrato anulável, este, ao contrário do contrato nulo, permanece produzindo efeitos enquanto não o é decretada sua invalidade por sentença judicial.[200]

Já no caso do contrato nulo, este não produz nenhum efeito, "[...] é, segundo feliz expressão, um natimorto. Para a nulidade ser

---

[197]Ibidem.
[198]Ibid., p. 225.
[199]Ibidem.
[200]Ibidem.

reconhecida, não é preciso provocação. Ao juiz cabe pronunciá-la de ofício."[201]

Dessa maneira, faz- se possível observar que:

> O ato nulo não pode valer; o ato anulável é um ato em princípio válido que pode não valer. A nulidade de um ato declara-se, reconhece-se; o ato anulável pode ser anulado ou não, conforme seja ou não exercido o direito potestativo de anulação. O ato anulável é um ato originariamente válido com a validade resolúvel, embora se possa também dizer que é um ato inválido com a invalidade suspensa.[202]

Isto posto, tem-se claramente a diversidade de consequências entre o contrato nulo e o anulável, ressaltando-se que o primeiro não convalesce, enquanto o segundo possui tal possibilidade.

A respeito da possibilidade do ato anulável se convalescer, conhecida como convalescência, esclarece-se que tal pode ocorrer por três modos: a) por confirmação, b) convalidação e, c) por prescrição.[203]

A confirmação (também conhecida como ratificação), trata-se da declaração negocial de renúncia à faculdade de pedir a anulação do contrato. Gomes[204] esclarece que esta ocorre por meio da manifestação de vontade (de maneira unilateral), logo "[...] a declaração confirmatória é receptícia. Pela confirmação ou ratificação, os efeitos precários do contrato tornam-se definitivos, dando-se, portanto, a convalescença".

A convalidação se trata do modo ao qual o contrato, em razão da superveniência, é convalescido mesmo após a ausência de alguns requisitos em sua formação.

Neste sentido, Orlando Gomes[205] exterioriza que:

> O negócio não se convalida se falta um pressuposto ou se o requisito deve existir no momento de sua perfeição. Assim, o contrato celebrado por menor absolutamente incapaz não se

---

[201]Ibidem.

[202]ALMEIDA, Carlos Ferreira. Invalidade, inexistência e ineficácia. **Católica Law Review**, Lisboa, v. 1, n. 2, p. 9-33, 2017. Disponível em: https://revistas.ucp.pt/index.php/catolicalawreview/article/view/1980. Acesso em: 24 abr. 2023. p. 13.

[203]GOMES, op. cit., p. 226.

[204]Ibidem.

[205]Ibidem.

> convalida ao atingir ele a maioridade. Convalidação é possível unicamente nos negócios complexos de execução diferida nos quais se torna possível o posterior suprimento de omissão de requisito inatendido no momento de sua formação.

Já a prescrição ocorre quando parte que possui legitimidade para propor a ação de anulação do negócio jurídico se mantém inerte no lapso de tempo estabelecido em lei para pleitear seu interesse, ou seja, a parte se mantém inerte em sua possibilidade de cessar os efeitos do negócio jurídico anulável, ocorrendo o efeito da prescrição, que inviabiliza o direito à anulação, tornando definitivo os efeitos do ato que antes era anulável.[206]

Em síntese ao exposto quanto às diferenças entre nulidade e anulabilidade, tem-se que a nulidade trata-se de um ato que atinge o interesse público (preceitos de ordem pública), enquanto a anulabilidade atinge interesses privados (preceitos de ordem privada). Com isso, entende-se que a nulidade opera-se de pleno direito, enquanto a anulabilidade não opera; a nulidade pode ser requerida pelas partes, por terceiros interessados, como, por exemplo, Ministério Público, Defensoria Pública, ou até mesmo de ofício pelo juiz, enquanto a anulabilidade somente pode ser arguida pelos legítimos interessados (vedado o reconhecimento de ofício); e a nulidade não admite confirmação ou convalidação, enquanto a anulabilidade traz possibilidades de confirmação/ convalidação.[207]

Compreendidas as diferenças entre o ato nulo e anulável, cabe, por fim, investigar as causas de anulabilidade. As causas de anulabilidade tratam-se de defeitos quanto aos requisitos exigidos pela lei para que o negócio adquira validade, tais defeitos (conforme mencionado anteriormente) não conduzem imediatamente à invalidade, facultando-se as partes manter ou invalidar tal negócio jurídico defeituoso.[208]

Isto posto, o art. 171 do Código Civil[209] traz três causas de anulabilidade do negócio jurídico:

---

[206]Ibidem.
[207]GARCIA JUNIOR, op. cit., p. 28.
[208]THEODORO JÚNIOR; FIGUEIREDO, op. cit., p. 260.
[209]BRASIL, 2002, op. cit., n.p.

> Art. 171. Além dos casos expressamente declarados na lei, é
> anulável o negócio jurídico:
> I - por incapacidade relativa do agente;
> II - por vício resultante de erro, dolo, coação, estado de perigo,
> lesão ou fraude contra credores.

A respeito do caput do art. 171 do Código Civil, Humberto Theodoro Júnior e Helena Lanna Figueiredo[210] lecionam que a nulidade pode ser inferida mesmo que a sanção não seja expressa no ordenamento, chamando-se, neste caso, de não cominadas (nulidade implícitas). Todavia, as anulabilidades são taxativamente elencadas na lei (ou seja, apenas existem anulabilidades expressas), logo, inadmitindo-se criar ato anulável por analogia ou interpretação extensiva.

Desse modo, além dos casos do inciso I e II do art. 171 existem outras situações em que a lei comina pena de anulabilidade, como:

> [...] a) casamento de pessoa que não completou a idade núbil (CC, art. 1.550, I), ou realizado por meio de mandatário, após a revogação do mandato, sem que dela soubesse (art. 1.550, V); ou celebrado por autoridade incompetente (art. 1.550, VI); b) venda de ascendente a descendente, sem consentimento dos demais descendentes (art. 496); c) doação do cônjuge adúltero ao seu cúmplice (art. 550); d) alienação aleatória referente a coisas cuja inexistência conhecia o alienante (art. 461); e) testamento revogatório omisso quanto a solenidades essenciais ou portador de vícios intrínsecos (art. 1.971); f) atos de um cônjuge praticados sem a outorga necessária do outro, ou sem suprimento judicial (art. 1.650) etc.[211]

Prosseguindo no art. 171 do Código Civil, o inciso I diz respeito a causas de incapacidade relativa do agente, que em 2015 sofreu modificações em razão da Lei 13.146/2015 (Estatuto da Pessoa com Deficiência), que alterou o art. 3º do Código Civil (que agora passa a definir como absolutamente incapaz de exercer os atos da vida civil apenas o menor de 16).

Logo, são causas de incapacidade relativa do agente: a) a menoridade (entre dezesseis e dezoito anos completos); b) a ausência de discernimento causada por embriaguez habitual e/ ou toxicomania; e, c)

---

[210]THEODORO JÚNIOR; FIGUEIREDO, op. cit., p. 260.
[211]Ibid., p. 261.

a impossibilidade, mesmo transitória, da pessoa de exprimir sua vontade.[212]

Em tais causas de incapacidade relativa, o vício do negócio jurídico "[...] não decorre do fato de ter sido praticado por pessoa relativamente incapaz, mas pela circunstância de ter-lhe faltado a assistência imposta pela lei."[213]

No caso do menor púbere (entre dezesseis e dezoito anos completos), embora tenha condições jurídicas de exprimir sua vontade, necessita de assistência de seu representante legal, logo, necessitando o negócio jurídico para ser válido o concurso de duas vontades: a do menor e do seu assistente.[214]

No caso da ausência de discernimento causada por embriaguez habitual e/ ou toxicomania, o indivíduo que passa por essa situação pode ser interditado, total ou parcialmente. Nesse sentido, caso o indivíduo não chegue a perder todo o discernimento, ficará sujeito a uma curatela, nos limites definidos pelo juiz, com base na perícia psiquiátrica.

Nesse sentido, Marcos Bernardes de Mello[215] conclui que, por ausência de pleno discernimento, "[...] são incapazes, apenas, os toxicômanos e os ébrios habituais sob curatela. Por essa razão, há, ainda, a proibição para testar (Código Civil, art. 1.860)." Sendo assim, a anulabilidade do negócio jurídico ocorre quando o interdito praticar, sem a necessária assistência do curador, negócios que extrapolam os limites da curatela (que foram delineados pela sentença).

Adiante, o inciso III do art. 4º do Código Civil coloca como incapazes relativamente aqueles que por causa transitória ou permanente, não puderem exprimir sua vontade.

Em razão de tal inciso, atualmente, qualquer motivo que impeça a expressão da vontade (seja por causa transitória ou permanente) possui a capacidade de provocar a anulação, em razão da anulabilidade do negócio jurídico.

Como exemplo, Theodoro Junior e Figueiredo[216] discorrem:

---

[212]BRASIL, 2002, op. cit., n.p.
[213]THEODOR JÚNIOR; FIGUEIREDO, op. cit., p. 262.
[214]Ibidem.
[215]MELLO, op. cit., p. 67.
[216]THEODORO JÚNIOR; FIGUEIREDO, op. cit., p. 264.

Assim se passa, por exemplo, com quem fica em estado de coma, ou com aquele que perde o discernimento, enquanto suporta as consequências de alguma moléstia grave ou de um traumatismo cerebral qualquer e, como é óbvio, não pode validamente declarar a vontade negocial. Tal incapacidade pode apresentar-se como transitória ou como definitiva. Qualquer que seja ela, enquanto perdurar a grave privação de discernimento, privará os negócios do paciente da validade civil.

Logo, em tais causas onde há a impossibilidade (transitória ou permanente) de expressão de vontade, há a possibilidade da anulação do negócio jurídico, constituindo-se, então, como uma causa de anulabilidade do negócio jurídico.

No mesmo sentido, o art. IV traz como causa da anulabilidade os negócios jurídicos celebrados pelos pródigos, cabendo relembrar que tais indivíduos interditados por prodigalidade são abarcados pelo instituto da curatela (art. 1.767), isto é, a capacidade negocial do pródigo (após interditado) é afetada, logo, o negócio jurídico se torna anulável.[217]

Por derradeiro, o parágrafo único do art. 4º menciona a questão da capacidade dos indígenas, tal capacidade é tratada pela doutrina como a situação dos silvícolas.

Desse modo, Humberto Theodoro Júnior e Helena Lanna Figueiredo [218] lecionam:

Cabe à FUNAI (Fundação Nacional do Índio) representar e apoiar o indígena, segundo o sistema baixado pela Lei nº 5.371, de 05.12.67. A Lei nº 6.001, de 19.12.73, por sua vez, considera o indígena, em princípio, como absolutamente incapaz, reputando nulos os atos que praticar sem a devida representação. Faz, contudo, a ressalva da hipótese do índio que demonstrar discernimento e realizar negócio de que não lhe decorra prejuízo. Nessas exceções, admite seja considerado como plenamente capaz para os atos da vida civil.

---

[217]BRASIL, 2002, op. cit., n.p.
[218]THEODORO JÚNIOR; FIGUEIREDO, op. cit., p. 265.

Isto posto, tem-se que o indígena não é presumido (como regra) como incapaz, logo, sua capacidade depende de sua inserção, ou não, na sociedade civilizada.[219]

Dando continuidade nas causas de anulabilidade do negócio jurídico, o inciso II do art. 171 do Código diz respeito do vício resultante de erro, dolo, coação, estado de perigo, lesão ou fraude contra credores, conhecido doutrinariamente como defeitos do negócio jurídico.

Gustavo Tepedino e Milena Donato Oliva[220] evidenciam que a doutrina divide os defeitos do negócio jurídico em vícios do consentimento (que contemplam o erro, dolo e coação) e os vícios sociais (que contemplam o estado de perigo, lesão e fraude contra credores).

Venosa[221] (2022, p. 352) traz que a diferença entre os vícios do consentimentos e os vícios sociais é que os primeiros:

> [...] afetam a vontade intrínseca do agente e a manifestação de vontade é viciada. Se não existisse uma dessas determinantes, o declarante teria agido de outro modo ou talvez nem mesmo realizado o negócio. Nos vícios sociais, a situação é diversa. O intuito é ludibriar terceiros. A vontade, por parte do declarante, é real e verdadeira, mas dirigida para prejuízo de outrem.

Ademais, cabe esclarecer que tanto os vícios do consentimento, quanto os vícios sociais são anuláveis no prazo decadencial de quatro anos, conforme estabelece o art. 178 do Código Civil.

O primeiro dos vícios do consentimento trata-se do erro, que em um sentido geral trata-se de uma noção inexata (não verdadeira), sobre alguma coisa, objeto ou pessoa, trazendo como consequência uma influência na formação da vontade.[222]

Por influenciar na formação da vontade, é impedido que se forme uma decisão, a qual se forme em consonância com a verdadeira

---

[219]Ibidem.

[220]TEPEDINO, Gustavo; OLIVA, Milena Donato. *Fundamentos de Direito Civil: Vol 1 – Teoria Geral do Direito Civil*. Rio de Janeiro: Forense, 2021. p. 327.

[221]VENOSA, Silvio de Salvo. **Direito Civil**: Parte Geral. 22 ed. Barueri – SP: Atlas, 2022. p. 352.

[222]DINIZ, op. cit., p. 171.

motivação, ou seja, [...] o agente emite sua vontade de modo diverso do que a manifestaria se dele tivesse conhecimento exato ou completo.[223]

A respeito do erro capaz de viciar à vontade e tornar o negócio jurídico anulável, Maria Helena Diniz[224] (2023, p. 171) leciona que este precisa ser um erro:

> [...] escusável e real, no sentido de que há de ter por fundamento uma razão plausível, ou ser de tal monta que qualquer pessoa inteligente e de atenção ordinária seja capaz de cometê-lo. Anula-se o negócio, quando a vontade advier de erro substancial que poderia ser percebido por pessoa de diligência normal, em face das circunstâncias do ato negocial.

A respeito deste erro, o art. 138 e 139 do Código Civil discorrem:

> Art. 138. São anuláveis os negócios jurídicos, quando as declarações de vontade emanarem de erro substancial que poderia ser percebido por pessoa de diligência normal, em face das circunstâncias do negócio.
> Art. 139. O erro é substancial quando:
> I - interessa à natureza do negócio, ao objeto principal da declaração, ou a alguma das qualidades a ele essenciais;
> II - concerne à identidade ou à qualidade essencial da pessoa a quem se refira a declaração de vontade, desde que tenha influído nesta de modo relevante;
> III - sendo de direito e não implicando recusa à aplicação da lei, for o motivo único ou principal do negócio jurídico.

Na leitura dos artigos supramencionados, visualiza-se a presença do erro substancial (também conhecido como erro essencial), desse modo, cabe conceituá-lo para posteriormente diferenciá-lo do erro acidental ou incidental.

O erro essencial é definido por Sílvio de Salvo Venosa[225] como sendo aquele que:

> [...] tem papel decisivo na determinação da vontade do declarante, de modo que, se conhecesse o verdadeiro estado de coisas, não teria desejado, de modo nenhum, concluir o negócio. Erro substancial ou essencial é, portanto, o que dá

---

[223]Ibidem.
[224]Ibidem.
[225]VENOSA, op. cit., p. 357.

causa ao negócio (*causam dans*), mas não é necessário que tenha sido a causa única. Pode ter sido concausa ou causa concomitante. Dessa forma, o erro deve ser causa suficiente para a conclusão do negócio, uma das causas.

Além disso, o erro essencial há de ser escusável, ou seja, precisa ser justificável, haja vista as circunstâncias do caso. Destarte, Maria Helena Diniz[226] aponta que a escusabilidade precisa ser analisada no caso concreto, competindo ao juiz analisar o nível de compreensão do agente sobre o fato.

Já o erro acidental, ao contrário do erro essencial, não possui a capacidade de anular o negócio. Isto pois, o erro acidental é aquele que recai sobre motivos ou qualidades secundárias (seja da pessoa ou do objeto), não alterando a validade do negócio.[227]

Sílvio de Salvo Venosa[228] exemplifica como erro acidental "[...] o fato de alguém adquirir um automóvel de cor branca, quando o automóvel era de cor preta. Trata-se de *error in qualitae*.

Em síntese do exposto, "[...] o erro, para propiciar a anulação do negócio, além de escusável, deve ser substancial e real, isto é, verdadeiro, tangível, palpável, importando em verdadeiro prejuízo ao declarante.[229]

Outro vício do consentimento trata-se da figura do dolo, que "[...] consiste nas práticas ou manobras maliciosamente levadas a efeito por uma parte, a fim de conseguir da outra uma emissão de vontade que lhe traga proveito, ou a terceiro.[230]

Doutrinariamente o dolo é dividido em *dolus malus* e *dolus bonus*, logo, cabe diferenciar tais figuras, haja vista que somente a primeira (*dolus malus*) vicia e torna o negócio defeituoso.[231]

O *dolus malus* trata-se da figura do art. 145 do Código Civil, consistindo na indução deliberada de alguém a erro. De outro vértice, o *dolus bonus*, se refere a conduta inocente e não enganosa de tentar alcançar o convencimento da outra parte para a contratação, sendo tal

---

226DINIZ, Maria Helena. **Curso De Direito Civil Brasileiro**: Teoria Geral do Direito Civil. 40 ed. São Paulo: Saraiva Jur, 2023. p. 171.
227VENOSA, op. cit., p. 359.
228Ibidem.
229Ibidem.
230PEREIRA, op. cit., p. 440.
231Ibidem.

figura frequentemente vislumbrada em exageros publicitários, que na visão de Gustavo Tepedino e Milena Donato Oliva[232], "[...] não justifica, por si só, a anulação do negócio".

Ademais, cabe ressaltar que o *dollus malus* (a modalidade de dolo capaz de viciar e tornar o negócio jurídico defeituoso) pode ocorrer por ação e por omissão (tal como preceituado no art. 147 do Código Civil):

> O mecanismo psíquico do dolo, por ação ou omissão, é o mesmo, e se verifica na utilização de um processo malicioso de convencimento, que produza na vítima um estado de erro ou de ignorância, determinante de uma declaração de vontade que não seria obtida de outra maneira.[233]

É mister mencionar que, o dolo capaz de gerar a ineficácia do negócio é aquele que provém da outra parte, e não de terceiro, cujo procedimento fundamentará apenas a obrigação de indenizar o prejudicado. Todavia, consoante ao art. 148 do Código Civil caso o dolo seja conhecido por um dos contratantes, o conheceu e dele se beneficiou, este se constituirá como motivo de anulação.[234]

Por derradeiro, tratando-se do dolo, cabe destacar a figura do dolo recíproco, que consta no art. 150 do Código Civil, ao qual se trata do dolo em que ambas as partes o praticam, de forma que as partes não podem alegar para anular o negócio jurídico, ou mesmo para reclamar indenização.[235]

O último dos vícios do consentimento trata-se da coação, que "[...] seria qualquer pressão física ou moral exercida sobre a pessoa, os bens ou a honra de um contratante para obrigá-lo ou induzi-lo a efetivar um negócio jurídico".[236]

Destarte, a coação afeta a manifestação de vontade em razão de hipóteses em que uma das partes possua fundado temor de dano iminente e considerável à sua pessoa, à sua família ou aos seus bens, que os leva a celebrar o negócio jurídico, ou seja, a ameaça (séria e injusta) faz com

---

[232]TEPEDINO; OLIVA, op. cit., p. 333.
[233]PEREIRA, op. cit., p. 440.
[234]Ibid., p. 441.
[235]BRASIL, 2002, op. cit., n.p.
[236]DINIZ, op. cit., p. 177.

que a vítima se depare com pressão para firmar o negócio jurídico, caso contrário, sofrerá o mal iminente.[237]

Maria Helena Diniz[238] esclarece que há a coação física e moral, sendo que a primeira (também conhecida como *vis absoluta*) trata-se do constrangimento corporal, ao qual é retirado toda a capacidade do agente, logo, causando a total ausência de consentimento, tornando o ato nulo.

Já a coação moral (também conhecida como *vis compulsiva*) atua sobre a vontade da vítima, sem retirar todo o consentimento (como é o caso da coação corporal), isto pois, na coação moral a vítima embora pressionada, possui uma relatividade em relação à liberdade de escolher entre realizar o negócio jurídico ou sofrer o dano que está sendo ameaçado.[239]

Em mesmo sentido, Sílvio de Salvo Venosa[240] leciona:

> No conceito de coação, é importante distinguir a coação absoluta (*vis absoluta*), que tolhe totalmente a vontade, da coação relativa (*vis compulsiva*), que é vício de vontade propriamente falando. Na coação absoluta, não há vontade ou, se quisermos, existe, se tanto, apenas vontade aparente. Trata-se de violência física que não concede escolha ao coacto. Assim, se um indivíduo aponta arma a outrem, ou conduz sua mão para conseguir sua assinatura em documento, não há vontade por parte do violentado. No final das contas, a ação obtida não é do violentado, mas do violentador, pois a este deve ser materialmente imputada. Na coação absoluta, não há vício de vontade, mas, existindo total ausência de manifestação volitiva, o negócio jurídico reduz-se a caso de nulidade.

Isto posto, frisa-se que a modalidade abordada como vício de consentimento é a coação moral que permite que o coacto (vítima) emita uma vontade (mesmo que coagida), que acarreta na possibilidade de anulabilidade (consoantes aos artigos 171, II, e 178, I do Código Civil) do negócio jurídico por ele realizado.[241]

---

[237]TEPEDINO; OLIVA, op. cit., p. 336.
[238]DINIZ, op. cit., p. 177.
[239]Ibidem.
[240]VENOSA, op. cit., p. 381.
[241]BRASIL, 2002, n.p.

A respeito da coação, o Código Civil[242] traz a seguinte redação em seu art. 151

> Art. 151. A coação, para viciar a declaração da vontade, há de ser tal que incuta ao paciente fundado temor de dano iminente e considerável à sua pessoa, à sua família, ou aos seus bens. Parágrafo único. Se disser respeito a pessoa não pertencente à família do paciente, o juiz, com base nas circunstâncias, decidirá se houve coação.

Além disso, o art. 152 do Código Civil também traz como requisitos para coação que esta seja apreciada de forma contextualizada, a partir de elemento concreto, a saber: o sexo, a idade, a condição, a saúde, o temperamento do paciente, e todas as demais circunstâncias que possam influir na gravidade dela.[243]

Cabe também mencionar o exercício regular de direito e o temor reverencial. Desse modo, o art. 153 do Código Civil desconsidera (ou seja, não considera) "[...] como coação a ameaça do exercício normal de um direito, nem o simples temor reverencial."[244]

Portanto, em um exemplo de uma dívida vencida que se é cobrada regularmente (respeitando os limites legais) não se pode ser considerada como coação, isto por se tratar de exercício regular de direito. Em mesmo sentido, não se considera como coação o temor reverencial, "[...] como o dos filhos em relação aos pais, ou o dos fiéis em relação ao líder religioso. O temor reverencial existe perante pessoas a quem se respeita ou se admira profundamente."[245]

Finalizando o tópico que diz respeito a coação, cabe mencionar a coação por parte de terceiros, presente no art. 154 e 155 do Código Civil, com a seguinte redação:

> Art. 154. Vicia o negócio jurídico a coação exercida por terceiro, se dela tivesse ou devesse ter conhecimento a parte a que aproveite, e esta responderá solidariamente com aquele por perdas e danos.

---

[242]Ibidem.
[243]TEPEDINO; OLIVA, op. cit., p. 337.
[244]BRASIL, 2002, n.p.
[245]TEPEDINO; OLIVA, op. cit., p. 337.

> Art. 155. Subsistirá o negócio jurídico, se a coação decorrer de terceiro, sem que a parte a que aproveite dela tivesse ou devesse ter conhecimento; mas o autor da coação responderá por todas as perdas e danos que houver causado ao coacto.

Tal hipótese é semelhante a do dolo (haja vista que o dolo também se admite que provenha de terceiro), devendo-se distinguir se a parte beneficiada sabia, ou deveria saber da situação de coação.

Sendo assim, haverá anulabilidade no negócio jurídico apenas se a parte tivesse ou devesse ter conhecimento da coação "[...] em que, além de sofrer a anulação do ajuste, suportará a parte beneficiada, solidariamente com o terceiro, as consequências danosas causadas ao paciente".[246]

Logo, caso "[...] o agente beneficiado pela coação não tivesse nem devesse ter conhecimento dela, o negócio jurídico subsistirá, imputando-se ao terceiro coator a responsabilidade exclusiva pelas perdas e danos sofridos pelo paciente."[247]

Adentrando aos vícios sociais, cabe iniciar pelo estado de perigo (também conhecido como estado de necessidade). O estado de perigo trata-se da ameaça ou violência que exercem influência sobre a vontade do agente, ou seja, o agente por estar perante uma situação receio ou temor pratica um ato que em outras condições não faria.[248]

Nesse sentido, o art. 156 do Código Civil dispõe:

> Art. 156. Configura-se o estado de perigo quando alguém, premido da necessidade de salvar-se, ou a pessoa de sua família, de grave dano conhecido pela outra parte, assume obrigação excessivamente onerosa.
> Parágrafo único. Tratando-se de pessoa não pertencente à família do declarante, o juiz decidirá segundo as circunstâncias.

A respeito da diferença entre estado de perigo e coação, Gustavo Tepedino e Milena Donato Oliva[249] discorrem:

---

[246]Ibidem.
[247]Ibidem.
[248]AMARAL, Francisco. **Direito Civil**: introdução. 10 ed. São Paulo: Saraiva Educação, 2018. p. 605.
[249]TEPEDINO; OLIVA, op. cit., p. 340.

> O perigo, apto a deflagrar esse vício social, pode ou não advir da conduta voluntária de uma pessoa. Quando decorre de ato voluntário, diferentemente da coação, o sujeito que gera a situação de grave ameaça não age com o intuito de forçar a celebração do negócio jurídico – o que é próprio da coação. No estado de perigo, o contratante, conhecendo a existência do perigo propiciado pela conduta alheia, busca dele extrair benefício desproporcional, sem qualquer indução neste sentido pela pessoa que suscita a grave ameaça.

Em mesmo sentido, Sílvio de Salvo Venosa[250] leciona que no estado de perigo, ao contrário da coação, há uma parte que, embora não seja responsável pelo estado em que ficou ou se colocou a vítima. Isto é, o perigo não foi causado pelo beneficiário, embora ele tome conhecimento da situação. Isto posto, a ciência do perigo é essencial para configuração do vício, de forma que a situação de perigo é abusada em favor da parte que se beneficia.

Outro vício social trata-se da lesão, tal vício é verificado (conforme o art. 157 do Código Civil) nas hipóteses em que a pessoa, sob premente necessidade ou por inexperiência, se obriga a cumprir prestação manifestamente desproporcional ao valor da prestação da outra parte.[251]

Destarte, um exemplo concreto de lesão pode ser observado nos contratos aleatórios, "[...] quando a vantagem obtida é frontalmente superior à área do contrato. A lesão tem seu campo de atuação, de fato, como modalidade de aplicação da decantada boa-fé objetiva nos contratos sinalagmáticos ou comutativos."[252]

Ademais, outro ponto de análise da lesão trata-se da questão da inexperiência e da necessidade, que devem ser verificadas de maneira concreta, a partir do contrato celebrado. Desse modo, cabe mencionar o Enunciado n. 410 da V Jornada de Direito Civil do CJF:

> A inexperiência a que se refere o art. 157 não deve necessariamente significar imaturidade ou desconhecimento em relação à prática de negócios jurídicos em geral, podendo ocorrer também quando o lesado, ainda que estipule contratos

---

[250]VENOSA, op. cit., p. 392.
[251]BRASIL, 2002, op. cit., n.p.
[252]VENOSA, op. cit., p. 398.

costumeiramente, não tenha conhecimento específico sobre o negócio em causa.[253].

Por derradeiro, cabe a análise do último dos vícios sociais, chamado de fraude contra credores. A fraude contra credores ocorre quando o negócio já foi praticado em estado de insolvência, ou quando o negócio tornar insuficiente a garantia já concedida (consoante aos moldes do art. 158 do Código Civil).[254]

A consequência da fraude contra credores é tornar o ato anulável, consoante ao art. 171, inciso II do Código Civil, tal consequência visa proteger o direito do credor, que busca no patrimônio do devedor uma forma de realização de seu crédito. Nesse sentido, no momento que o devedor se torna insolvente (ou tenta frustrar a garantia) há uma limitação no "[...] poder de disposição que o devedor tem sobre seus bens, na medida em que o respectivo exercício pode prejudicar os credores. Aplica-se aí, necessariamente, o princípio da boa-fé."[255]

O Código Civil, nos artigos 158, 159, 162 e 163 dispõe sobre as espécies de negócios jurídicos passíveis de fraude, sendo elas: i. atos de transmissão gratuita de bens (doação, renúncia a direitos patrimoniais adquiridos); ii. remissão de dívidas; iii. contratos onerosos; iv. pagamento antecipado de dívidas; e v. concessão de garantias preferenciais.[256]

Finalmente ao que tange a associação da anulabilidade aos *smart contracts*, faz-se necessário uma retomada do art. 171 do Código Civil. Tal artigo, traz como causa de anulabilidade hipóteses expressamente determinadas em lei, negócios jurídicos celebrados por agentes incapazes relativamente dos atos da vida civil, e negócios jurídicos resultantes de erro, dolo, coação, estado de perigo, lesão ou fraude contra credores.[257]

Tem-se como exemplo plausível de ocorrer com os *smart contracts* uma hipótese de anulabilidade causada por dolo, no qual o

---

[253]CONSELHO DA JUSTIÇA FEDERAL. **Enunciado n. 410 da V Jornada de Direito Civil do CJF**. 2002. Disponível em: https://www.cjf.jus.br/enunciados/enunciado/214. Acesso em: 24 abr. 2023. n.p.
[254]AMARAL, op. cit., p. 607.
[255]Ibidem.
[256]BRASIL, 2002, op. cit., n.p.
[257]Ibidem.

código do programa foi alterado dolosamente para não estar em conformidade com aquilo que foi informado ao contratante. Logo, embora seja informado ao contratante que os *smart contracts* iriam produzir tais efeitos, na realidade os mesmos irão produzir efeitos diferentes do informado.

Além disso, outro exemplo caminha no mesmo sentido do exemplo do tópico anterior (do tópico das nulidades), sendo o caso do relativamente incapaz que compra um carro (realizando o pagamento com criptomoedas) por meio de *smart contracts* descentralizados. No mundo real, tal contratação seria anulável, todavia, no mundo descentralizado dos *smart contracts* nada se pode fazer para cessar tais efeitos, haja vista a impossibilidade técnica de controle de plataformas descentralizadas.

Em síntese, ao que diz respeito à anulabilidade, as hipóteses determinadas expressamente em lei (tal como em qualquer outro contrato) devem ser observadas nos *smart contracts*, para que este se torne um ato jurídico perfeito (embora, tratando-se de anulabilidade os atos possam ser convalidados).

Sendo assim, caso os *smart contracts* sejam centralizados não haveriam grandes percalços, aplicando-se o mesmo que ocorre nos negócios jurídicos do mundo real. Todavia, caso tratem-se de *smart contracts* descentralizados, haveriam percalços em razão de ocorrem em ambiente virtual descentralizado, ou seja, onde não haveria a possibilidade técnica de interrupção dos efeitos negócio.

4.2.3 Ineficácia

Consoante ao vislumbrado ao longo do capítulo, a ineficácia pode ocorrer em determinados casos de invalidade, todavia, não se tratam de sinônimos. Nesse sentido, a ineficácia trata-se da inaptidão temporária ou permanente, do fato jurídico para irradiar efeitos próprios, ou seja, o fato jurídico possui uma expectativa em abstrato de produzir efeitos, mas não os produziu.[258]

---

[258]MELLO, op. cit., p. 81.

Marcos Bernardes de Mello[259] afirma que a expressão ineficácia pode ser empregada de duas formas:

> (a) em sentido lato, quando se refere a toda e qualquer situação em que o fato jurídico não produz efeito, ou ainda não produziu, como ocorre em casos em que a ineficácia é inerente ao próprio fato jurídico ou decorre de certas vicissitudes a que estão sujeitos os atos jurídicos, v. g., nulidade, anulabilidade, resolubilidade; ou
>
> (b) em sentido estrito, quando diz respeito às espécies em que a eficácia própria e final não se irradiou ainda (testamento, antes da morte do testador, negócio jurídico sob condição suspensiva, negócio jurídico dependente de elemento integrativo do suporte fáctico, e. g.) ou, se já produzida, foi excluída do mundo jurídico.

Tratando-se do negócio jurídico, nos interessa a análise da ineficácia em sentido estrito. Tal pode ser classificada em transitória ou permanente, sendo que a transitória se trata da ineficácia gerada por obstáculo que apenas suspende o começo da produção de efeitos, como a eficácia de um contrato subordinado a uma condição suspensiva. Já a permanente, ocorre com a ineficácia gerada por fato impeditivo de eficácia, isto é, tal tipo de ineficácia pode, apesar disso, cessar, se o obstáculo (fato impeditivo) for removido, como, no exemplo de um procurador que age com excesso de poder, porém, posteriormente seus atos são ratificados.[260]

Além disso, cabe distinguir a ineficácia absoluta da relativa, sendo que a primeira ocorre quando o negócio jurídico produz efeitos entre as partes, mas é ineficaz em relação a certos terceiros (tem-se como exemplo, o contrato simulado da cessão de crédito não notificada ao devedor). Já a ineficácia relativa é uma inoponibilidade, tal como do exemplo do contrato que não produz efeitos contra terceiros (inoponível a terceiros), ou seja, o contrato como regra, não produz e nem pode produzir efeitos em razão da inobservância dos ônus extrínsecos ou em razão das circunstâncias que não o permitiu.

Ademais, tem-se ineficácia total e a parcial, sendo a total a que atinge todo o negócio jurídico (como exemplo, um contrato maculado

---

[259]Ibidem.
[260]GOMES, op. cit., p. 228.

integralmente) e a ineficácia parcial trata-se da que atinge parte do negócio jurídico (como exemplo, um contrato com algumas cláusulas ineficazes).[261]

Por fim, ao que tange a classificação da ineficácia, tem-se a ineficácia originária e a superveniente. A ineficácia originária (como o próprio termo induz) surge originalmente com o negócio jurídico, tal como a presença de um termo, encargo ou mesmo condição. Por sua vez, a ineficácia superveniente surge quando ocorre a presença de um obstáculo ulterior (e superveniente) que obsta a produção de efeitos do negócio jurídico.[262]

Cabe destacar que a ineficácia não é sinônimo da ausência total de efeitos. Isto pois, a ineficácia em seu sentido amplo é conceituada como um ato jurídico que não teve sua eficácia contemplada no todo ou em parte, isto é, a [...] ineficácia é compatível com a produção de outros efeitos derivados do próprio ato, ou até com efeitos derivados da ineficácia do ato.[263]

Carlos Ferreira de Almeida[264] leciona tal situação supracitada por meio do seguinte exemplo:

> Por exemplo, um contrato de compra e venda anulado por erro é ineficaz na medida em que não gera as obrigações de entregar e de pagar que são típicas daquele contrato. Mas pode ter como efeito a restituição do que tiver sido prestado e a responsabilidade civil pré-contratual da contraparte do errante. Um ato com condição suspensiva não engendra, ou não engendra logo, os efeitos que pode afinal gerar, mas cria imediatamente expectativas tuteladas.

Haja vista que foi destacado ao longo do texto a diferença entre o ato invalido e o ato ineficaz, também se faz necessário destacar a diferença do ato nulo e do ato ineficaz.

Por meio da diferenciação entre os negócios jurídicos ineficazes e os negócios nulos, faz-se possível a aplicação do princípio da conservação, que visa a manutenção dos negócios jurídicos.

---

[261] Ibidem.
[262] Ibid., p. 229.
[263] ALMEIDA, op. cit., p. 4.
[264] Ibidem.

Antônio Junqueira de Azevedo[265] esclarece que graças a tal distinção, admite-se "[...] sem quebra da coerência ou de qualquer norma jurídica, que, ocorrendo o fator de eficácia, o ato passe, sem mais, a produzir efeitos; há pós-eficacização.

Isto posto, por meio da compreensão do ato ineficaz em sentido estrito pelo ordenamento jurídico é que o fato pode ser admitido, através dela, "[...] sem quebra de qualquer regra, que o ato, válido desde sua formação, mas ineficaz até então, passe, pela realização do fator de eficácia, a produzir, sem mais, os seus efeitos."[266]

Finalmente ao que tange a associação da ineficácia aos *smart contracts*, faz-se possível observar que, no que tange aos *smart contracts* centralizados, estas são plenamente possíveis de serem aplicadas, haja vista que não divergem dos demais contratos.

Contudo, nos *smart contracts* descentralizados em razão do fenômeno da descentralização, mesmo um contrato ineficaz (seja ele total ou parcial) iria ter plena produção de efeitos. Por exemplo, no caso de compra de um carro realizada por meio de *smart contracts* descentralizados (pago com criptomoedas) que posteriormente foi anulada por erro, ainda sim produzirá efeitos que não podem ser cessados.

4.3 A autoexecução, autotutela e tutela jurisdicional dos smart contracts

É comum associar o termo autoexecução (termo este próprio dos *smart contracts*) ao termo autotutela, isto pois, a autoexecução diz respeito à capacidade dos *smart contracts* se auto gerirem sem a presença humana, isto é, uma vez que o *smart contract* foi criado, suas cláusulas (que estão em formato de códigos) se autoexecutarão no sistema (centralizado ou descentralizado) e trarão como resultado a efetivação do acordo de vontades independente da vontade humana.[267]

---

[265]AZEVEDO, op. cit., p. 78.
[266]Ibidem.
[267]TALAMINI, Eduardo; CARDOSO, André Guskow. *Smart contract*, "Autotutela" e Tutela Jurisdicional. *In*: BELLIZE, Marco Aurélio (coord.);

Max Raskin[268] refere-se a esta autoexecução como uma autotutela, em especial uma autotutela preventiva, pois dentro de si possui mecanismos aptos a impedir o descumprimento.

Todavia, tal autotutela embora pareça ser algo extremamente inovador, é evidenciada por Max Raskin[269] como algo já vislumbrado anteriormente no contrato de *leasing* (conhecido no Brasil como Arrendamento Mercantil), no qual o arrendador poderia impedir o funcionamento, por exemplo, de um carro, no caso em que o arrendatário não cumpra com suas obrigações.

Tal modelo de autoexecução (conhecida na Língua Inglesa como *Starter Interrupt Device*) não encontra regulamentação no Brasil, todavia, se encontra regulamentado em alguns ordenamentos, como é o caso do Estado de Nova Iorque nos Estados Unidos, que no ano de 2018, aprovou o Projeto de Lei 2484 (agora codificado no capítulo 312 de 2018). Tal lei alterou as leis de cobrança de dívidas do Estado, ao qual deve enviar uma notificação ao consumidor para informá-lo que seu veículo pode ser desabilitado remotamente.[270]

Inclusive, recentemente a empresa Ford patenteou uma tecnologia na qual seus carros com direção autônoma poderão se utilizar de um sistema, em que, caso verificado o inadimplemento, o veículo será automaticamente direcionado para uma concessionária.

Matthew Sparkes[271] esclarece que:

MENDES, Aluísio Gonçalves de Castro (coord.); ALVIM, Teresa Arruda (coord.); CABRAL, Trícia Navarro Xavier (coord.). **Execução Civil**: novas tendências. 1 ed. Indaiatuba: Editora Foco, 2022. 840 p. p. 184.

[268] RASKIN, op. cit., p. 340-341.

[269] Ibidem.

[270] COOK, Hudson. *Implications of New York Starter Interrupt Device Law Remain Unclear*. 2018. Disponível em: https://www.lexology.com/library/detail.aspx?g=2edcf05b-4afa-4bc7-8714-7c788350995d. Acesso em: 23 abr. 2023. n.p.

[271] Tradução nossa. Original: *"Ford has been granted a patent for a system that allows a car to repossess itself if its owner fails to keep up with payments. The firm envisions the car driving itself back to the showroom – or to a scrapyard if the value of the car is low."*. In: SPARKES, Matthew. ***Ford patents car that can repossess itself and drive back to showroom***. 2023. Disponível em: https://www.newscientist.com/article/2361657-ford-patents-car-that-can-repossess-itself-and-drive-back-to-showroom/. Acesso em: 23 abr. 2023. n.p.

> A Ford obteve a patente de um sistema que permite que o carro recupere sua posse por si próprio caso seu proprietário não cumpra com os pagamentos. A empresa imagina o carro dirigindo sozinho de volta ao showroom - ou a um ferro-velho se o valor do carro for baixo.

É mister destacar que em razão que tais modalidades descritas (tanto do sistema de *Starter Interrupt Device* que inutiliza o veículo, quanto do sistema de autorretorno do veículo por meio da direção autônoma) não fazem parte da realidade do nosso país, logo, não se é possível identificar casos em território nacional que envolvam tais hipóteses.

Ademais, faz-se evidente necessidade de investigação de adequação jurídica de tais tecnologias com o ordenamento jurídico pátrio atual, isto por se tratarem de hipóteses inéditas, ou seja, hipóteses inexploradas pelo nosso ordenamento, bem como pela nossa doutrina.

Desse modo, cabe compreender o conceito de autotutela, a fim de verificar se a autoexecução dos *smart contracts* fazem parte deste instituto jurídico. Por autotutela (também conhecida como autodefesa) resumidamente, trata-se da:

> [...] defesa por si mesmo; defesa pelo esforço próprio, ainda que à força. É apontada como a mais primitiva das formas de resolução de conflitos, estando presente na história do Direito desde os seus primórdios. São características essenciais a ausência de um árbitro (um terceiro distinto das partes litigantes) e a imposição da vontade de uma das partes à outra.[272]

Esclarece-se que a autotutela por várias vezes é associada a solução violenta, que não garante propriamente uma solução justa, mas sim a vitória do mais forte sobre o mais fraco. Por esse motivo, a autotutela utilizada para solução de litígios traz uma série de inconvenientes, inconveniente estes que surgem em razão do indivíduo que foi privado de um bem ou foi afastado de seu interesse não atendido (em razão da atitude violenta da outra parte) e fica insatisfeito, logo, na

---

[272]RODRIGUES, Horácio Wanderlei; LAMY, Eduardo de Avelar. ***Teoria Geral do Processo***. 7 ed. Barueri – SP: Atlas, 2023. p. 20.

primeira oportunidade tentará retomar aquilo que lhe foi tolhido em razão da injustiça utilizada como tentativa de solucionar o conflito.[273]

Em mesmo sentido, Eduardo Talamini e André Guskow Cardoso[274] esclarecem que:

> [...] a autotutela consiste na solução de um conflito pela ação unilateral e direta de uma parte a outra, fundada num juízo próprio da parte que age (i.e., parcial), para o fim de fazer prevalecer um interesse seu, mediante a supressão ou limitação e bem de vida que vem sendo usufruído ou titularizado pelo adversário.

Ademais, há de se mencionar que a autotutela não se confunde com os mecanismos autocompositivos e heterocompositivos. Isto pois, os mecanismos autocompositivos são referentes a uma forma de solução de conflitos por meio das próprias partes envolvidas, que buscam uma solução (tal como a autotutela) sem a intervenção de terceiros, logo, a solução autocompositiva:

> [...] pode ser obtida de forma unilateral (a critério de uma só das partes, que sacrifica sua pretensão em nome do fim do conflito) ou bi/multilateral (as duas ou mais partes envolvidas na disputa buscam uma solução conjunta para a situação apresentada).[275]

No Brasil, tem-se como meios de autocomposição a conciliação e a mediação, que estão dispostas no § 2º do art. 3º do Código de Processo Civil, sendo que ambas modalidades (cada qual com sua peculiaridade), deverão ser estimulados por juízes, advogados, defensores públicos e membros do Ministério Público, inclusive no curso do processo judicial.[276]

No que tange a heterocomposição, também conhecida como métodos adversariais, haja vista que as partes levam seus conflitos para

---

[273]SOUZA et al., op. cit., p. 7.
[274]TALAMINI; CARDOSO, op. cit., p. 186.
[275]LUCHIARI, Valeria Ferioli Luchiari. **Mediação Judicial**: Análise da Realidade Brasileira. Rio de Janeiro: Forense, 2012. p. 10.
[276]ALVIM, José Eduardo Carreira. **Teoria Geral do Processo**. 24 ed. Rio de Janeiro: Forense, 2022. p. 121.

que terceiros os resolvam, de forma que os lados podem sair vitoriosos ou não.[277]

No ordenamento brasileiro, tem-se como métodos de heterocomposição a jurisdição e a arbitragem, sendo que:

> A jurisdição é atividade estatal compositiva (resolutiva) do litígio, mediante o processo, em que o Estado substitui por uma atividade sua a atividade das partes envolvidas no conflito. A arbitragem é também uma forma de se compor (resolver) conflitos mediante um processo, só que a cargo de particulares, a quem o Estado outorga o poder de emitir sentença com a mesma eficácia das sentenças proferidas por seus próprios juízes. Neste sentido, é facultado às pessoas capazes de contratar se valerem dessa instituição para dirimir litígios relativos a direitos patrimoniais disponíveis.[278]

Isto posto, torna-se possível identificar que a autoexecução do *smart contract* não se trata de uma modalidade de autotutela (muito menos de autocomposição e heterocomposição). Isto pois, a autotutela é uma reação a negação, resistência ou insatisfação de uma pretensão, e no caso dos *smart contracts,* tal reação se quer ocorre.[279]

Logo, alude-se ao termo de autotutela preventiva, por justamente impedir (preventivamente) que ocorra a reação negativa. Isto porque nos *smart contracts* a sistematização gera a autoexecução do *smart contract*, o que impede o descumprimento de tal acordo.

Outrossim, o fenômeno da autoexecução dos *smart contracts* se assemelha a cláusula *solve et repete*. Tal termo em tradução literal do latim significa "pague depois discuta", também conhecida como promessa de não alegado ou de não postular, sendo uma cláusula geralmente utilizada em contratos para estipular que uma parte tem o dever de pagar uma quantia devida mesmo em caso de discordância com a obrigação (dever de pagar), reservando o direito de discutir a questão posteriormente.[280]

---

[277] LUCHIARI, op. cit., p.10.

[278] ALVIM, op. cit., p. 119.

[279] TALAMINI; CARDOSO, op. cit., p. 189.

[280] SILVA, Rodrigo da Guia; SILVA, Jeniffer Gomes da. Cláusulas solve et repete: perspectivas de atuação da autonomia privada na (de)limitação das

Rodrigo da Guia Silva e Jeniffer Gomes da Silva[281] lecionam que na doutrina italiana (mesmo antes da promulgação do Código Civil italiano de 1865) tal cláusula *solve et repete* era utilizada em contratos mercantis (principalmente em compra e vendas, locações e transportes). Ademais, no Direito Público a cláusula *solve et repete* recebeu especial destaque, por ser utilizada em matéria fiscal, fazendo com que o contribuinte fosse impedido de atrasar ou negar o pagamento do crédito tributário em caso de discussão jurídica. Logo, o contribuinte pagava os débitos cobrados pela União, e posteriormente arguia judicialmente à respeito da legitimidade de tal cobrança.

Ademais, no Brasil, o Código Civil de 1916 (revogado) trazia como previsão a cláusula *solve et repete*, que aduzia no art. 927 que "para exigir a pena convencional, não é necessário que o credor alegue prejuízo. O devedor não pode eximir-se de cumpri-la, a pretexto de ser excessiva".[282]

No entanto, o Código de 2002 (que revogou o Código Civil de 1916) não manteve tal cláusula, por meio da supressão da segunda parte do artigo que mencionava que o devedor não poderia eximir-se de cumprir a obrigação em razão da excessividade, consequentemente, garantindo a possibilidade de o devedor eximir-se de cumprir a obrigação no caso desta ser excessiva.

Outrossim, ainda se faz possível vislumbrar a cláusula *solve et repete* no ordenamento brasileiro, no art. 151 do Código Tributário Nacional, que estabelece que o tributo pode ser realizado mesmo que haja

---

exceções oponíveis pelo devedor. **Revista Eletrônica da PGE-RJ**, [S. l.], v. 3, n. 1, 2020. Disponível em: https://revistaeletronica.pge.rj.gov.br/index.php/pge/article/view/109. Acesso em: 24 abr. 2023. p. 9-10.

[281] Ibid., p. 6.

[282] BRASIL. **Lei nº 3.071, de 1º de janeiro de 1916**. Código Civil dos Estados Unidos do Brasil. Brasília, DF: Presidência da República [1916]. Disponível em: https://www.planalto.gov.br/ccivil_03/leis/l3071.htm. Acesso em: 24 abr. 2023. n.p.

discordância sobre sua exigibilidade, ou seja, faz-se possível realizar o pagamento do tributo e ainda sim discuti-lo.[283]

No que tange a aplicação de tal cláusula no direito privado (entre particulares), Rodrigo da Guia Silva e Jeniffer Gomes da Silva[284] afirmam que:

> Ao lado das perspectivas de auxílio da cláusula *solve et repte* para o desenvolvimento do direito dos contratos, espera-se que a adequada compreensão dos seus limites de atuação possa suscitar reflexões úteis, especialmente no que tange ao exercício da autonomia privada dos contratantes, sendo sempre ressalvados os valores inerentes ao ordenamento jurídico brasileiro, tais como a boa-fé e a função social do contrato. Reputa-se, desse modo, não só admissível, como também útil a cláusula *solve et repete* no direito brasileiro.

Antonio do Passo Cabral[285] esclarece que a cláusula *solve et repete* trata-se de um negócio jurídico processual, apontado por parte da doutrina como inadmissível, sob a alegação de impedir que a parte se manifeste em juízo, logo, acabando por violar a legitima defesa.

Todavia, Antoni do Passo Cabral[286] discorda de tal pensamento de parte da doutrina:

> Não posso concordar com essa visão porque a convenção não impede o exercício da defesa. Primeiramente, deve-se lembrar que a cláusula *solve et repete* não elimina a possibilidade de alegar; apenas adia o exercício do contraditório para um momento posterior ao adimplemento. As matérias de defesa – como qualquer vício na prestação do serviço, por exemplo – poderão ser suscitadas em outro momento ou em outro

---

[283]BRASIL. **Lei nº 5.172, de 25 de outubro de 1966**. Dispõe sobre o Sistema Tributário Nacional e institui normas gerais de direito tributário aplicáveis à União, Estados e Municípios. Brasília, DF: Presidência da República [1966]. Disponível em: http://www.planalto.gov.br/ccivil_03/leis/l5172compilado.htm. Acesso em: 24 abr. 2023. n.p.

[284]SILVA; SILVA, op. cit., p. 32.

[285]CABRAL, Antonio do passo. Pactum de non petendo: a promessa de não processar no direito brasileiro. **Revista do Ministério Público do Estado do Rio de Janeiro**, v.1 n.78, p. 19 – 44, 2020. Disponível em: https://www.mprj.mp.br/documents/20184/2026467/Antonio_do_Passo_Cabral .pdf. Acesso em: 9 jul. 2023. p. 37.

[286] Ibid., p. 37-38.

> processo; somente se convenciona a alteração do momento para sua alegação. Mas vou além: nem mesmo naquele processo onde destinadas a incidir seria correto afirmar que as cláusulas "paga e repete" maculam a ampla defesa, já que todas as demais faculdades defensivas, de alegação e produção de prova, são preservadas.

Associando os temas aos *smart contracts*, inicia-se pela tutela jurisdicional, sendo necessário novamente se utilizar da classificação de *smart contracts* centralizados e *smart contracts* descentralizados.

No caso dos *smart contracts centralizados,* a tutela jurisdicional permanece tal como a dos contratos do mundo real (ou seja, sendo encaminhada para apreciação do poder judiciário, que se trata de um método heterogêneo de solução de conflitos). De outro lado, no caso dos *smart contracts* descentralizados, a tutela jurisdicional pode não ter efetividade, isto pois, em alguns casos em razão da rede descentralizada não se é possível identificar a parte causadora do dano, e em outros casos sequer é possível a retomada dos bens, isto caso os bens sejam criptoativos descentralizados. Sendo assim, faz-se possível a apreciação do poder judiciário (em razão do princípio da inafastabilidade do art. 5º, inciso XXXV da Constituição Federal de 1988), porém, a decisão judicial em grande parte dos casos acaba sendo ineficaz.

A respeito de tal situação de ineficácia, cabe mencionar a possibilidade ineficaz de penhora de criptoativos, descrita por Iara Cristina Romanovitch, Victor Hugo Oliveira Alcântara e Thiago André Marques Vieira[287]:

> [...] a penhora judicial destes encontra barreiras: nas decisões em primeira instância que indeferem o pedido, bem como após provimento de Agravos de Instrumento em face de tais decisões, esbarra na sua efetividade, por não existir mecanismos eficientes, visto que não há sistema para realizar este procedimento de forma automatizada como é o SISBAJUD - que ainda não contempla as corretoras de valores que transacionam os criptoativos das pessoas físicas e jurídicas

---

[287]ROMANOVITCH, Iara Cristina; ALCÂNTARA, Victor Hugo Oliveira; VIEIRA, Thiago André Marques. **Regulamentação e possibilidade de penhora judicial dos criptoativos**. 2022. Disponível em: https://editoramizuno.emnuvens.com.br/revista/article/download/10/14. Acesso em: 24 abr. 2023. p. 30-31.

executadas. Vencida a primeira barreira, após o deferimento do pedido de penhora de criptoativos, a justiça expede ofícios às corretoras de criptoativos na busca por bens penhoráveis, o que é ineficiente pelo número de corretoras de criptoativos existentes no mercado, que inviabiliza uma busca cabal. Ainda assim, a busca com este método só terá êxito se os criptoativos estiverem custodiados na corretora, pois se estiverem numa *wallet* que pode ser uma carteira física ou digital, sob a custódia do proprietário, será praticamente impossível proceder ao rastreio para penhora sem as chaves pública e privada de acesso. Assim, verifica-se a possibilidade de penhora judicial de criptoativos, conforme constatado na pesquisa realizada nos Agravos de Instrumento no Tribunal de Justiça de São Paulo, porém, a efetividade da penhora ainda está comprometida, por falta de regulamentação e de mecanismos eficientes de busca.

Em síntese ao presente tópico, observou-se que a autoexecução dos *smart contracts* não pode ser comparada a autotutela, em razão de não haver um evento que gere negação, resistência e ou insatisfação em uma pretensão, isto é, a pretensão se quer é frustrada, sendo automaticamente executada pelo sistema.

No entanto, pode a autoexecução ser analisada ao lado da autotutela preventiva, em razão dos mecanismos do sistema dos *smart contracts* gerarem maneiras de não haver sequer a pretensão, tornando-se inviável tecnicamente o descumprimento dos *smart contracts*.

Além disso, cabe mencionar a semelhança dos *smart contracts* com a cláusula *solve et repete*, isto pois, ambos se tratam de negócios jurídicos (*sendo a cláusula solve et repete* um negócio jurídico processual), e em ambos o contrato é cumprido, mesmo havendo discordância. Todavia, o *smart contract* descentralizado, diferente da cláusula *solve et repete,* possui o fenômeno da execução automática do contrato em seu próprio sistema, enquanto na cláusula *solve et repete* faz-se necessário a execução judicial.

Ademais, ressalta-se que embora a cláusula *solve et repete* não esteja mais prevista no Código Civil (por ter sido revogada pelo Código Civil de 2002), ainda sim a mesma permanece em consonância com o Direito negocial, logo, sendo aplicável no Brasil. Desse modo, fazendo o mesmo paralelo com o *smart contract*, o mesmo trata-se de aplicável se em consonância com o Direito Negocial.

Por fim, ao que tange a tutela jurisdicional fez-se necessário mais uma vez a divisão dos *smart contracts* em *smart contracts* centralizados e *smart contracts* descentralizados. No caso dos centralizados, a tutela jurisdicional ocorrerá da forma tradicional, tais como os contratos tradicionais (contratos propriamente ditos), já no caso dos descentralizados não poder-se-á falar em eficácia de tal tutela, isto em razão dos mecanismos descentralizadores, que trazem como consequência a ineficácia estatal.

Sendo assim, mesmo a tutela jurisdicional sendo totalmente viável teoricamente perante os *smart contracts* descentralizados, na prática terá como consequência a ineficácia, ou seja, poder-se-á ter uma decisão favorável para um autor, todavia, tal decisão não terá efetividade, em razão das barreiras impostas pelo mundo descentralizado, tal como a questão dos imbróglios da penhora de criptoativos.

4.4 Natureza jurídica dos smart contracts

No primeiro capítulo, fora compreendido o conceito de *smart contract*, todavia, naquele momento faltava substrato para a análise de sua natureza jurídica. Isto posto, nesse momento, após o desenvolvimento dos capítulos, perpassando pelo Direito Negocial e pela Teoria Contratual, torna-se possível tal análise.

A respeito da natureza jurídica, Andrea Stazi[288] afirma que:

> Embora o código computacional de um contrato inteligente possa ser considerado uma espécie de regulação *sui generis*, isto, pois suas regras de funcionamento produzem efeitos semelhantes aos legais, a lei e o código formam sistemas diferentes, que evoluem de forma autônoma em termos de normatividade e lógica, regulando as primeiras relações sociais e posteriormente um sistema de informação.

---

[288]Tradução nossa. Original: "*Although the computer code of a smart contract can be considered a kind of sui generis regulation, as its operating rules produce effects similar to the legal ones,77 the law and the code form different systems, which evolve autonomously in terms of normativity and logic, regulating the first social relationships and the other an information system.*" *In:* STAZI, Andrea. **Smart contract** and **Comparative Law**: A Western Perspective. Nova Iorque: Springer, 2021. p. 84.

Desse modo, tem-se inicialmente que nem tudo o que é executado em um *smart contract* trata-se de relevante juridicamente, logo, faz-se necessário distinguir conceitos basilares da Teoria Contratual, a saber: a) fato (real), b) suporte fáctico e, c) fato jurídico.

Segundo Marcos Bernardes de Mello[289] o fato (real) trata-se de um acontecimento que ocorreu na realidade, independente da vontade humana ou mesmo da interpretação jurídica. Como exemplo, tem-se a morte ainda não conhecida de uma pessoa. Já o suporte fático, refere-se ao conjunto de fatos que são relevantes para a aplicação de uma norma jurídica em um caso concreto. Por exemplo, a morte conhecida de uma pessoa, pois a sua prova constitui elemento que se integra ao fato real para constituí-lo em suporte fáctico. Por fim, o fato jurídico é o acontecimento que produz consequências jurídicas. Ou seja, é o fato que por meio da norma jurídica dá entrada no mundo jurídico. Como exemplo, (partindo do exemplo anterior) trata-se da morte que agora gerou efeitos jurídicos.

Retomando aos *smart contracts,* cabe compreender que nem todo *smart contracts* representaria um fato jurídico, ou mesmo, um suporte fáctico, isto pois:

> Um contrato inteligente pode, por exemplo, ser usado para: (a) realizar um processo não contratual, por exemplo, um procedimento de votação online; ou (b) fornecer a execução de um serviço, como o pagamento com uma criptomoeda, com base em um realizado anteriormente fora da rede.[290]

Além disso, nem todo acordo poderia ser expresso em um *smart contracts,* isto, em razão de não ser possível autoexecutar em códigos institutos jurídicos que dependem de interpretação, tal como o dever de diligência (*due diligence)* e a boa-fé.[291]

---

[289]MELLO, Marcos Bernardes de. **Teoria do fato jurídico**: plano da validade 16. ed. São Paulo: Editora Saraiva, 2022. p. 111.

[290]Tradução nossa. Original: *"A smart contract can, for example, be used to: (a) carry out a non-contractual process, for example a voting procedure online; or (b) provide for the performance of a service such as the payment of a cryptocurrency based on an agreement that has already taken place outside the network." In:* STAZI, op. cit., p. 84.

[291]Ibid., p. 85.

De outro vértice, também cabe relembrar que nem todo *smart contract* se utiliza de tecnologias descentralizadas (como a *blockchain*), existindo *smart contracts* centralizados que se utilizam de meios tradicionais, embora ainda ostentam a lógica da programação.

Sendo assim, à respeito da natureza jurídica ao que tange aos *smart contracts* centralizados, não ter-se-iam tantos questionamentos, isto pois, conforme visto ao longo dos capítulos tais contratos são considerados negócios jurídicos e ainda possuem natureza jurídica contratual (ou seja, podem ser considerados como contrato), fazendo parte da espécie dos e-*contracts* (contratos eletrônicos) por ocorrem em ambiente virtual, porém, com o adicional da autoexecução.

Todavia, segundo Gabriel Jaccard[292] ao adentrar aos *smart contracts* descentralizados surgem questionamentos jurídicos, pois:

> [...] um código de computador não levará em conta a possível nulidade de um contrato legal, a menos que seja ensinado. Em vez disso, seu sistema é baseado em suas próprias normas e executará o contrato apenas de acordo com seu design. Como consequência, o fenômeno do smart contract registrado na *Blockchain* é problemático.

Embora alguns autores, como, John Perry Barlow[293] lecionem que faltaria legitimidade dos governos para interferirem sob a internet, na realidade jurídica observa-se que sequer há questionamentos sobre tal legitimidade, aplicando-se indubitavelmente as leis brasileiras aos fatos praticados na internet, desde que praticados em território nacional (consoante aos critérios de territorialidade) ou mesmo em casos pontuais,

---

[292]Tradução nossa. Original: "[…] *a computer code won't take into account the possible nullity of a legal contract unless taught to. Instead, its system is based on its own norms and will execute the agreement according to its given design only. As a consequence, the phenomenon of smart contract registered on Blockchain is problematic*". JACCARD, Gabriel. **Smart contract and the Role of Law.** 2017. Disponível em: https://papers.ssrn.com/sol3/papers.cfm?abstract_id=3099885. Acesso em: 1 abr. 2023. p. 8.

[293]BARLOW, John Perry. **A declaration of the independence of Cyberspace.** 1996. Disponível em: https://scholarship.law.duke.edu/cgi/viewcontent.cgi?article=1337&context=dltr. Acesso em: 01 abr. 2023. p. 5.

aplicando-se a lei brasileira mesmo fora do território nacional (como é o caso da aplicação extraterritorial da Lei Geral de Proteção de Dados Pessoais).

Nessa perspectiva, a natureza jurídica dos *smart contracts*, em regra, seria a de negócio jurídico, especificamente a de contrato, sendo vislumbrado como uma espécie de contrato eletrônico. Ou seja, fazendo uma analogia com a taxonomia, os *smart contracts* fazem parte da família dos negócios jurídicos, do gênero contrato, e da espécie contrato eletrônico.

Portanto, a tecnologia dos *smart contracts* deve ser compreendida como uma ferramenta, algo que pode ser utilizada para elaborar negócios jurídicos, não se tratando de um instituto jurídico novo, mas sim de uma nova forma de efetivar um instituto jurídico antigo, conhecido como o contrato.

Como exceção à regra, tratar-se-ia de *smart contracts* descentralizados que fossem contrários às normas do negócio jurídico (conforme já vislumbrado ao longo do capítulo). Logo, nem todo *smart contract* (embora receba o nome de contrato inteligente) se trata de um contrato, bem como de um negócio jurídico, isto em razão da liberdade exacerbada contida nos códigos computacionais, que possibilitam a produção de efeitos mesmo dissonantes às normas do Direito Negocial.

5 SMART CONTRACTS: UMA VISÃO DE ALGUNS ORDENAMENTOS JURÍDICOS E PROJETOS DE LEI

Neste capítulo será apresentado um breve panorama dos *smart contracts* frente aos ordenamentos jurídicos e projetos de lei. De maneira inicial, será realizado tal perspectiva dos *smart contracts* perante o ordenamento jurídico dos Estados Unidos, haja vista que este se trata de um país de destaque no que tange a inovação, bem como possui relevantes regulamentações no que diz respeito aos *smart contracts*.

Posteriormente será realizado um panorama dos *smart contracts* frente ao ordenamento da União Europeia, haja vista que se trata de um bloco econômico e político que também se destaca por sua inovação.

Por último, será realizado uma perspectiva no Brasil, a fim de investigar o panorama atual no que diz respeito aos *smart contracts*, em busca das tendências do tema no país.

5.1 Estados Unidos

Antes de adentrar ao ordenamento dos Estados Unidos, cabe evidenciar que o mesmo se diferencia drasticamente do ordenamento brasileiro em razão de ser um ordenamento que usa como base o sistema jurídico do *Common Law*.

O *Common Law* (também conhecido como direito consuetudinário) trata-se do sistema jurídico originário da Monarquia inglesa que se baseia na jurisprudência, ou seja, tal sistema tem como base casos semelhantes que foram julgados anteriormente.

A respeito da origem desse sistema, Vivek Maurya[294] esclarece:

---

[294]Tradução nossa. Original: "The English Crown, which used to issue written commands called "writs" when justice needed to be done, was the basis of the common law system. Since, writs were not adequate to cover all situations, equity courts were eventually formed to hear complaints and develop suitable remedies based on equitable principles derived from numerous sources of authority (such as Roman law and "natural" law). It became feasible for courts to seek up precedential views and use them in current cases as the judgments, which were being gathered and published. It was in this way that common law was born." *In*: MAURYA, Vivek. **A comparison between civil law countries**

> A Coroa Inglesa, quando precisava fazer com que a justiça fosse feita, emitia ordens escritas chamadas de "writs", que constituíam como base do sistema de direito consuetudinário. Uma vez que os writs não eram adequados para cobrir todas as situações, os tribunais de equidade foram eventualmente criados para ouvir reclamações e desenvolver remédios adequados com base em princípios equitativos derivados de várias fontes de autoridade (como o direito romano e o direito "natural"). Tornou-se viável para os tribunais buscar pontos de vista precedentes e usá-los em casos atuais como os julgamentos, que estavam sendo reunidos e publicados. Foi assim que nasceu o direito consuetudinário.

Tem-se como exemplo de países que adotam o *Common Law,* o Reino Unido, os Estados, Índia e Canadá. Em tais países (que adotam a *Common Law*) as regras que regem o ordenamento são baseadas em precedentes estabelecidos por juízes e leis estatutárias criadas por legisladores.[295]

René David[296] aponta que uma das grandes diferenças do ordenamento que adota o *Common Law* é que não há o foco (tal como há no *Civil Law*) entre a diferenciação do Direito Público para o Direito Privado.

Desse modo, no ordenamento que adota a *Common Law* há a diferenciação entre *Common Law e Equity*. Sendo que, *Common Law* (como já vislumbrado) trata-se de um sistema jurídico que se baseia em precedentes judiciais.[297]

Enquanto o *equity* se trata de um conjunto de princípios e regras de equidade e justiça que surgiram como um complemento ao *Common Law*. Ou seja, o *Common Law* se baseia em precedentes judiciais, enquanto o *equity* o complementa, trazendo princípios de equidade e justiça.[298]

---

and common law countries. 2021. Disponível em: https://blog.ipleaders.in/a-comparison-between-civil-law-countries-and-common-law-countries/. Acesso em: 23 abr. 2023. n.p.

[295]Ibidem.

[296]DAVID, René. **Os grandes sistemas do direito contemporâneo**. 2 ed. Lisboa: Editora Meridiano, 1978. 638 p. p.359.

[297] Ibidem.

[298] Ibid. p. 360.

Por outro lado, outros países, tais como os países que compõem a União Europeia e o Brasil (que será analisada na sequência), se utilizam do sistema do *Civil Law* (também conhecido como sistema romano-germânico).

Nesse sentido, *Civil Law* pode ser compreendido como um sistema jurídico de normas e regras escritas, que foi originado a partir do Direito Romano. Em tal sistema, os tribunais (juízes) têm como função a aplicação das leis de forma a observar a linguagem e disposições contidas no ordenamento jurídico.[299]

Ricardo Evandro Santos[300] Martins destaca que:

> [...] a *civil law* coincide com as teorias juspositivistas, ao concentrar as suas fontes do Direito na Lei posta por uma autoridade legislativa. Interessante destacar que esta hipótese central também é o ponto convergente entre juspositivismo exegético e doutrina pura kelseniana.

Desse modo, evidencia-se que a principal diferença entre o *Common Law* e o *Civil Law* é que no primeiro a jurisprudência possui uma importância primordial, enquanto no segundo predominam-se as leis codificadas. No entanto, tais divisões entre os sistemas não são tão nítidas nos países, isto pois, vários países (embora tenham uma predominância por algum dos sistemas) se utilizam de alguns recursos dos outros sistemas, logo, para identificar qual sistema foi adotado pelo país, faz-se

---

[299]OLIVEIRA, Ana Carolina Borges de. Diferenças e semelhanças entre os sistemas da Civil Law e da Common Law. **Constituição, Economia e Desenvolvimento**: Revista da Academia Brasileira de Direito Constitucional. Curitiba, 2014, vol. 6, n. 10, Jan.-Jun. p. 43-68. Disponível em: https://www.abdconst.com.br/revista11/diferencasAna.pdf. Acesso em: 24 abr. 2023. p. 43-44.

[300]MARTINS, Ricardo Evandro dos Santos. História da tradição da civil law e a questão do direito processual brasileiro: um breve ensaio sobre a nossa proximidade com a common Law. **Revista Acadêmica Escola Superior do Ministério Público do Ceará**, v.11 n.1, p. 195 – 211, 2019. Disponível em: https://revistaacademica.mpce.mp.br/revista/article/view/72. Acesso em: 9 jul. 2023. p. 203.

necessário uma compreensão dos fundamentos históricos do ordenamento em análise.[301]

Adentrando aos *smart contracts,* cabe fazer uma breve análise a respeito do panorama contratual dos Estados Unidos, haja vista que este possui divergências significativas do panorama europeu e do brasileiro (que serão abordados na sequência).

Summers, Mc Roberts e Goodhart[302] esclarecem que o direito contratual dos Estados Unidos se diferencia por conceitos e opiniões em cada um dos Estados do país. Ou seja, torna-se possível identificar 51 concepções de direito contratual nos Estados Unidos, de modo que cada um dos 50 Estados (e 1 Distrito Federal) tenha um conceito diferente do outro.

De maneira geral, grande parte dos Estados que compõe os Estados Unidos adotaram a concepção do Código Comercial Uniforme (*Uniform Commercial Code* - UCC), que se trata de um conjunto de Leis Comerciais criado em 1952 pela Convenção Nacional do Comitê de Leis e Regulamentos Estaduais do Estado e Pela American Law Company, que unifica as regras e regulamentos relacionados a transações comerciais, logo, aplicando-se aos contratos, compras e vendas, instrumentos negociáveis e certas relações entre bancos, e entre clientes e bancos.[303]

A respeito do Código Comercial Uniforme, faz-se possível observar que este traz como princípio que todo contrato ou obrigação deve observar a boa-fé em seu desempenho e execução.[304]

Ademais, observa-se que o Código Comercial Uniforme também traz outros princípios, tais como: a) a autonomia da vontade, vez que o

---

[301]WASHINGTON UNIVERSITY. **What is the Difference Between Common Law and Civil Law?** Disponível em: https://onlinelaw.wustl.edu/blog/common-law-vs-civil-law/. Acesso em: 24 abr. 2023. n.p.

[302]SUMMERS, Robert S.; MCROBERTS, William G.; GOODHART, Arthur L., The Conceptualization of Good Faith in American Contract Law, *In*: SUMMERS, Robert S.; MCROBERTS, William G.; GOODHART, Arthur L. (Orgs.), **Essays in Legal Theory**, Dordrecht: Springer Netherlands, 2000, p. 299–319. Disponível em: https://link.springer.com/chapter/10.1007/978-94-015-9407-3_13. Acesso em 24 abr. 2023. p. 299.

[303]Ibid., p. 300.

[304]Ibidem.

Código Uniforme permite que as partes façam acordos comerciais livremente, desde que esses acordos não violem a lei ou a ordem pública; b) a performance, haja vista que o Código Uniforme procura promover transações comerciais eficientes, permitindo que as partes concluam rapidamente seus negócios; e c) a resolução de conflitos, pois tanto o vendedor quanto o comprador pode processar por danos, se a outra parte não agir de boa fé e cumprir o contrato de venda.[305]

Em conclusão Summers, Mc Roberts e Goodhart[306] aduzem que no panorama contratual dos Estados Unidos, existem outras formas possíveis de aplicação geral da boa-fé, autonomia da vontade, performance e resolução de conflitos.

Tais outras formas são possíveis de serem incluídas em regras mais específicas, isto pois, primeiramente no mundo dos contratos a lei é imperfeita, haja vista que os contratantes não podem prever e fornecer antecipadamente todas as formas de contrato que possam surgir posteriormente. Em segundo lugar, seria estender indevidamente a interpretação do contrato se estes fossem pautados somente em requisitos gerais (tais como a boa-fé).[307]

Adentrando aos *smart contracts*, em 2017 o Estado do Arizona foi o primeiro Estado dos Estados Unidos a reconhecer os *smart contracts*, por meio da Arizona Revised § 44-7061, que garante aos *smart contracts* o mesmo efeito legal, validade e aplicabilidade que se comparado aos contratos tradicionais (contratos propriamente ditos).[308]

Cabe evidenciar que, posteriormente, outros Estados foram aderindo a tal validade, tem como exemplo o Estado de Tennessee (TN Code § 47-10-202), Arkansas (AR Code § 25-32-122), Nevada (SB 309), South Dakota (N.D. Cent. Code § 9-16-19) e Utah (SB 0182).

---

[305]HUNTINGTON, Marie. **What Are the UCC Principles of Good Faith & Reasonableness for Sales Contracts?** 2014. Disponível em: https://smallbusiness.chron.com/ucc-principles-good-faith-reasonableness-sales-contracts-80664.html. Acesso em: 24 abr. 2023. n.p.

[306]SUMMERS; ROBERTS; GOODHART, op. cit., p. 317.

[307]Ibid., p. 318.

[308]KIMPEL, Scott; ADCOCK, Christopher. **The State of Smart Contract Legislation.** 2018, Disponível em: https://www.*blockchain*legalresource.com/2018/09/state-smart-contract-legislation/. Acesso em: 23 abr. 2023. n.p.

Ainda sobre a regulamentação de *smart contract*, cabe citar a lei criada pelo Estado Americano de Wyoming, que reconheceu a existência da DAO (*Decentralized Autonomous Organization* – em tradução literal, Organização Autônoma Descentralizada).

Antes de adentrar à regulamentação, cabe compreender brevemente do que se trata uma DAO. Tem-se este como um sistema baseado em *blockchain* que permite que as pessoas se coordenem e se governem mediadas por *smart contract* implantados em uma *blockchain* pública, cuja governança é descentralizada.[309]

Isto posto, o Estado de Wyoming nos Estados Unidos, por meio da Wyoming Statues § 17-31-106, publicada em 9 de março de 2022 considerou a DAO como uma pessoa jurídica (sociedade) de responsabilidade limitada, ou seja, a responsabilidade de cada sócio (que compõe a DAO) limitada ao valor de sua contribuição (quotas).[310]

Em síntese, a legislação equipara a DAO (que de maneira simplificada pode ser vista como um ente de governança descentralizada) à uma pessoa jurídica, que agora detém a possibilidade de ser utilizada para fins diversos, como por exemplo, comerciais, sociais, mutualistas, ambientais e políticos. Isto posto, o Estado de Wyoming nos Estados Unidos, por meio da Wyoming Statues § 17-31-106, publicada em 9 de março de 2022 considerou a DAO como uma pessoa jurídica (sociedade) de responsabilidade limitada, ou seja, a responsabilidade de cada sócio (que compõe a DAO) limitada ao valor de sua contribuição (quotas).[311]

Nesse sentido, Choi *et al.* (2021, p. 11) elencam dois pilares essenciais sobre a DAO. O primeiro pilar refere-se a sua compreensão como uma pessoa jurídica com responsabilidade limitada, portanto, sendo capaz de processar e ser processada, adquirir, possuir, manter e

---

[309]HASSAN, Samer; DE FILLIPI, Primavera. Decentralized Autonomous Organization. **Internet Policy Review**, Berlim, v.10, n. 2, p. 1- 10, abr. 2021. Disponível em: https://policyreview.info/pdf/policyreview-2021-2-1556.pdf. Acesso em: 1 set. 2022. p. 2.

[310]CASETEXT. **Wyo. Stat. § 17-31-106**. 2022. Disponível em: https://casetext.com/statute/wyoming-statutes/title-17-corporations-partnerships-and-associations/chapter-31-decentralized-autonomous-organization-supplement/article-1-provisions/section-17-31-106-articles-of-organization. Acesso em: 1 set. 2022. n.p.

[311]Ibidem

desenvolver ou alienar bens móveis e imóveis e ter tratamento igualitário das outras pessoas jurídicas, tanto em direitos quanto em deveres. O segundo pilar refere-se ao dever de a DAO cumprir suas obrigações com seus ativos do mundo real (como, por exemplo, imóveis, móveis, valores no sistema bancário, etc.) e com seus ativos digitais (como, por exemplo, criptomoedas[312], NFTs[313], tokens[314], etc.).

Ao que se refere aos *smart contracts,* em relação à legislação tal tecnologia é compreendida como:

> [...] uma transação automatizada, conforme definido em W.S. 40-21-102 (a)(ii), ou qualquer mecanismo análogo substancialmente semelhante, que seja composto de código, script ou linguagem de programação que execute os termos de um contrato e dependa de um *blockchain* que pode incluir a custódia e transferência de um ativo, administrando votos de interesse de membros em relação a uma organização autônoma descentralizada ou emitindo instruções executáveis para essas ações, com base na ocorrência ou não de condições especificadas.[315]

Desse modo, cabe esclarecer que ao abordar os *smart contracts* tal legislação do Estado de Wyoming diz respeito aos *smart contracts* descentralizados, vez que aduz sobre uma transação automatizada (composta por códigos, scripts ou linguagem de programação) que depende de uma *blockchain* para o seu funcionamento.

---

[312]Criptomoedas se assemelham às moedas digitais, porém, que não dependem de nenhuma autoridade central para mantê-las.

[313]*Non Fungible Tokens* (NFTs) trata-se de uma representação digital não fungível que é um registro em um *blockchain* associado a um determinado ativo digital ou físico.

[314]Token é a representação digital de um ativo (seja ele digital ou não) dentro de uma *blockchain*.

[315] Tradução nossa. Original: *"[…] automated transaction, as defined in W.S. 40-21-102(a)(ii), or any substantially similar analogue, which is comprised of or code, script or programming language that executes the terms of an agreement and relying on a blockchain which may include taking custody of and transferring an asset, administrating membership interest votes with respect to a decentralized autonomous organization or issuing executable instructions for these actions, based on the occurrence or nonoccurrence of specified conditions."* In: CASETEXT, op. cit., n.p.

Ademais, cabe citar que o Laboratório da *Commodity Futures Trading Commission* dos Estados Unidos (em tradução literal, Comissão de Negociação de Futuros de Commodities) em 27 de novembro de 2018 publicou a cartilha número 7847-18 a respeito dos *smart contracts*.[316]

Basicamente, tal cartilha explica o funcionamento dos *smart contracts*, inicialmente realizando uma divisão entre *smart contracts* (a tecnologia pura) e *smart contracts* utilizados em conjunto com a *blockchain* (a tecnologia descentralizada).[317]

Além disso, tal cartilha também faz uma análise dos potenciais benefícios dos *smart contracts* e seus exemplos de uso, tal como o uso em seguradoras, sua aplicação na área da logística, e em inadimplência de créditos, bem como outros potenciais usos para o mercado, como exemplo, o uso no mercado financeiro, propriedade intelectual, e até mesmo usos médicos.[318]

Tal cartilha elenca os desafios e riscos de tal tecnologia, sendo que tais giram em torno de riscos operacionais, técnicos, riscos de cibersegurança, fraude e manipulação e governança. Sendo que tais desafios e riscos são amplificados em razão do uso descentralizado, isto em consequência da ausência de efetivo controle estatal sobre a *blockchain*.[319]

É mister esclarecer que tal cartilha teve apenas o intuito educacional, isto pois:

> Este formato de cartilha pretende ser uma ferramenta educacional sobre as inovações emergentes da FinTech. Não se destina a declarar a política ou posição oficial da CFTC, nem limitar as posições ou ações atuais ou futuras da CFTC. A CFTC não endossa o uso ou eficácia de nenhum dos produtos ou tecnologias financeiras nesta apresentação. A jurisdição da CFTC sobre qualquer *smart contract* específico dependerá de fatos e circunstâncias específicas. Quaisquer

---

[316]CFTC. **Release Number 7847-18**. 2018. Disponível em: https://www.cftc.gov/PressRoom/PressReleases/7847-18. Acesso em: 23 abr. 2023. n.p.

[317] LABCFTC. **Digital Assets Primer**. 1 ed. CFTC, 2020. Disponível em: https://www.cftc.gov/media/5476/DigitalAssetsPrimer/download. Acesso em:15 abr. 2023. p. 6-7.

[318]Ibid., p. 11-22.

[319]Ibid., p. 23-31.

exemplos incluídos nesta cartilha são apenas ilustrativos e não indicam uma determinação da Commodity Futures Trading Commission ou de sua equipe de jurisdição.[320]

A respeito de projetos de Lei sobre os *smart contracts* nos Estados Unidos, tem-se que no ano de 2021, de acordo a National Conference of State Legislatures, haviam 27 projetos de Lei (espalhados ao longo dos Estados) que versavam sobre o tema.[321]

Dos Projetos de Lei em trâmite, grande parte segue com o objetivo de equiparar os *smart contracts* com os contratos propriamente ditos (tais como as leis atuais já mencionadas, dos Estados de Arizona, Tennessee, Arkansas, Nevada, South Dakota e Utah).[322]

Em síntese ao exposto, no que tange ao Estados Unidos, em alguns Estados os *smart contracts* já possuem equiparação aos contratos propriamente ditos, e em outros Estados aguarda-se a regulamentação ao que se refere ao tema, sendo que, dos projetos em trâmite grande parte buscam tal equiparação dos *smart contracts* aos contratos.

5.2   União Europeia

Antes de adentrar ao objetivo do presente tópico, cabe esclarecer do que se trata a União Europeia (UE), sendo que esta é muito mais do que um simples bloco econômico, sendo uma parceria única entre 27 países, conhecidos como Estados-membros. Tal parceria trata-se de uma

---

[320] Tradução nossa. Original: "This primer format is intended to be an educational tool regarding emerging FinTech innovations. It is not intended to state the official policy or position of the CFTC, or to limit the CFTC's current or future positions or actions. The CFTC does not endorse the use or effectiveness of any of the financial products or technologies in this presentation. The CFTC's jurisdiction over any particular smart contract will depend on specific facts and circumstances. Any examples included in this Primer are illustrative only and do not indicate a determination by the Commodity Futures Trading Commission or its staff of jurisdiction." In: Ibid., p. 1.
[321] NCSL. **Blockchain 2021 Legislation**. 2021. Disponível em: https://www.ncsl.org/financial-services/*blockchain*-2021-legislation.   Acesso em: 23 abr. 2023. n.p.
[322] Ibidem.

parceria econômica e política, de forma que os cidadãos dos Estados-Membros sejam igualmente cidadãos da União Europeia.[323]

A respeito do processo de criação de Leis da União Europeia, cabe esclarecer que:

> Ao contrário dos Estados-Membros, onde os parlamentos lançam legislação, só a Comissão Europeia pode propor diretivas ou regulamentações vinculativas. [...] A Comissão Europeia ouve opiniões de toda a Europa a favor ou contra a criação de novas leis. Nesta fase, os membros do Parlamento Europeu envolvem-se, muitas vezes, adotando recomendações.[324]

O processo de criação de leis na UE se inicia com a proposta da Comissão Europeia, seguida por debates e negociações entre o Parlamento Europeu e o Conselho Europeu. Posteriormente, após aprovadas, as leis são publicadas no Jornal Oficial da União Europeia e entram em vigor em toda a UE em uma data específica.[325]

Sendo assim, os Estados-Membros devem implementar as leis da UE em sua legislação nacional, bem como garantir sua aplicação e execução corretamente. Sendo que a Comissão Europeia é responsável por monitorar a implementação das leis da UE pelos Estados-Membros, que em caso de descumprimentos (ou implementações ineficazes) pode tomar medidas legais contra aqueles que não cumprem suas obrigações.[326]

Isto posto, o presente recorte foi realizado perante a União Europeia em razão das leis da União Europeia serem vinculativas para todos os Estados-Membros, devendo ser implementadas e aplicadas em toda a UE.

---

[323]Gabel, Matthew J. *European Union*: European organization. 2023. Disponível em: https://www.britannica.com/topic/European-Union. Acesso em: 23 abr. 2023. n.p.

[324]RTP. **O ato de legislar na União Europeia**. 2020. Disponível em: https://ensina.rtp.pt/artigo/o-ato-de-legislar-na-uniao-europeia/. Acesso em: 23 abr. 2023. n.p.

[325]EUROPEAN UNION. **How the European Union works**: A citizen's guide to the EU institutions. 2003. Disponível em: http://aei.pitt.edu/13547/1/13547.pdf. Acesso em: 23 abr. 2023. p. 10-13.

[326]Ibid., p. 20-24.

Por derradeiro, cabe relembrar que os países que compõem a UE se utilizam do sistema jurídico tendo como base a *Civil Law*, logo, aproximando-se do Direito Brasileiro, sendo que vários países tais como a França, Itália e Portugal foram referências para o ordenamento jurídico Brasileiro.

Superada a compreensão sobre a União Europeia, cabe adentrar ao panorama dos *smart contracts*. Volos[327] buscou sistematizar as abordagens legislativas no que diz respeito aos *smart contracts* na União Europeia, de modo que, o autor identificou três abordagens ao longo dos Estados-Membro da UE.

A primeira abordagem, trata-se da completa falta de normas sobre os *smart contracts*, o que infere que tal Estado-Membro não reconhece nenhum regime especial a tal tecnologia, ou mesmo negue sua legalidade (haja vista a possibilidade de adequação de tal tecnologia ao ordenamento jurídico, privilegiando o princípio da liberdade contratual que é fundamental no Direito Contratual da Europa).[328]

Outra abordagem, trata-se das tentativas de restringir as possibilidades das partes de utilizar *smart contracts*, todavia, o autor esclarece que isto não irá ocorrer na União Europeia, embora outros ordenamentos possam vir a vedar a utilização dos *smart contracts*, logo, impossibilitando negociações com países em que sejam permitidos tal uso.

Cita-se, como exemplo, o caso da China:

> [...] como representante que interage regularmente com empresas europeias, têm uma proibição parcial do uso de bitcoins. (De acordo com o Banco Popular da China, é estabelecida a proibição da oferta inicial de moedas e o desencorajamento da mineração de Bitcoin). Pesquisadores europeus supõem que um contrato inteligente não requer regulamentação, especialmente naqueles países onde não há

---

[327]VOLOS, A. A. **The Technology of *Blockchain* and Smart Contract and Their Regulation Under the Conflict of Laws of the European Union.** 2020. Disponível em: https://www.atlantis-press.com/proceedings/iscde-20/125947825. Acesso em: 23 abr. 2023. p. 564.
[328]Ibidem.

regulamentação específica das relações sob *smart contract*. É um contrato comum sem especificações legais.[329]

O derradeiro caso trata-se do que Volos[330] denomina de regulamentação "indireta", ou seja, relacionar os *smart contract* aos contratos propriamente ditos aplicando-se a teoria geral dos contratos a tal tecnologia.

Tal pensamento trata-se inclusive do adotado pela presente dissertação, na qual a opção de equiparar os *smart contracts* aos contratos propriamente ditos resolve os problemas relacionados à proteção dos indivíduos frente a tal nova tecnologia. Isto é, embora os *smart contracts* sejam extremamente inovadores, estes estariam sujeitos às normas tradicionais (e já validadas por eras) do ordenamento jurídico ao que se refere aos contratos.

Nesse sentido, Volos[331] afirma:

> A maioria dos Estados do mundo ainda não adotou regras específicas sobre *smart contract*, embora tenham muitos atos no campo do direito digital e da economia digital. Essa regulação "indireta" parece ser a mais promissora, pois garante a regulação "para o futuro", em contraste com a regulação tradicional dos *smart contracts*, que não são as últimas tecnologias digitais atualizadas.

Sendo assim, no que tange a União Europeia, Volos[332] evidencia que os Estados-membros acabam possuindo visões diferentes (entre si)

---

[329]Tradução nossa. Original: "[…] *as a representative that regularly interacts with European business, has a partial prohibition on the use of bitcoins. (According to the People's Bank of China it is established Ban on Initial Coin Offering and Discouraging Bitcoin Mining). European researchers guess that a smart contract doesn't require regulation, especially in those countries where there is no specific regulation of relations under smart contract. It is an ordinary contract with no legal specifics."In:* Ibidem.

[330]Ibid., p. 565.

[331]Tradução nossa. Original: "*Most states of the world haven't adopted yet special rules on smart contract, although they have many acts in the field of digital law and the digital economy. Such "indirect" regulation seems to be the most promising, as it guarantees regulation "for the future", in contrast to the casual regulation of smart contract, which are not the last of up-to-date digital technologies." In:* Ibidem.

[332] Ibidem.

no que diz respeito ao *smart contract*. Todavia, no nível supranacional (ou seja) a nível da União Europeia:

> [...] há atos separados que regulam o uso de *smart contract*. Basicamente, trata-se de diretivas relativas à condução de várias transações de dinheiro eletrônico (por exemplo, Diretiva 2015/2366/UE do Parlamento Europeu e do Conselho de 25 de novembro de 2015 sobre serviços de pagamento no mercado interno; Diretiva 2014/65/UE de do Parlamento Europeu e do Conselho de 15 de maio de 2014 sobre mercados de instrumentos financeiros e Regulamento UE 600/2014 do Parlamento Europeu e do Conselho de 15 de maio de 2014 sobre mercados de instrumentos financeiros).[333]

É mister mencionar, que tais Diretivas citadas pelo autor, não se tratam de diretivas especificamente direcionadas aos *smart contracts*. No entanto, recentemente no ano de 2023, ocorreu a aprovação na UE de um projeto de Lei que possui um tópico que versa sobre os *smart contracts*.

Tal tópico está contido dentro do Projeto de Lei do *Data Act,* que em síntese se trata de uma proposta legislativa histórica destinada a remover barreiras à circulação de dados industriais, regulando os direitos e obrigações de todos os atores econômicos envolvidos no compartilhamento de dados de produtos da Internet das Coisas (IoT).[334]

Em tal proposta legislativa, há uma redação destinada especificamente aos *smart contracts* a qual obriga que todo *smart contract* tenha um mecanismo claramente definido para rescindir ou interromper sua autoexecução.[335]

Nesse sentido, o art. 30, alínea b do *Data Act* dispõe:

> (b) rescisão segura e interrupção: garante que exista um mecanismo para encerrar a execução contínua de transações: o

---

[333] Original: "[...] *has separate acts regulating the use of smart contract. Basically, these are directives regarding the conduct of various electronic money transactions (for example, Directive 2015/2366/EU of the European Parliament and of the Council of 25 November 2015 on payment services in the internal market; Directive 2014/65/EU of the European Parliament and of the Council of 15 May 2014 on markets in financial instruments and Regulation EU 600/2014 of the European Parliament and of the Council of 15 May 2014 on markets in financial instruments)." In:* Ibid., p. 566.
[334] EUROPEAN PARLIAMENT, op. cit., n.p.
[335] Ibidem.

> smart contract deve incluir funções internas que podem redefinir ou instruir o contrato a parar ou interromper a operação para evitar futuras execuções (acidentais); a esse respeito, as condições em que um smart contract pode ser redefinido ou instruído a parar ou interrompido devem ser definidas de forma clara e transparente. Especialmente, deve-se avaliar sob quais condições a rescisão ou interrupção não consensual deve ser permitida[336]

Isto posto, tem-se que o panorama da União Europeia, em razão deste projeto de Lei, pode ser alterado, isto é, ao invés dos *smart contracts* serem equiparados aos contratos propriamente ditos (que parte da doutrina da Europa chama de regulamentação indireta) poderiam os *smart contracts* sofrerem grandes limitações ao que se refere a sua autoexecução.

Em outras palavras, os *smart contracts* (que possuem como característica principal a autoexecução) teriam cláusulas (em formato de código de computador) que impediriam (ou mesmo interromperiam) sua autoexecução.

Sendo assim, relacionando aos estudos realizados na presente dissertação, caso tal legislação do *Data Act* seja aprovada, mesmo os *smart contracts* descentralizados teriam de ser centralizados, isto é, deveriam ser suscetíveis ao controle, para que pudessem ser rescindidos ou mesmo interrompidos a mando de uma autoridade central.

5.3 Brasil

No que tange ao Brasil, até o presente momento, não há regulamentações que tratam diretamente a respeito do tema *smart contract*, todavia, faz-se possível encontrar regulamentações que esbarram em temas correlacionados.

---

[336] Original: *"(b) safe termination and interruption: ensure that a mechanism exists to terminate the continued execution of transactions: the smart contract shall include internal functions which can reset or instruct the contract to stop or interrupt the operation to avoid future (accidental) executions; in this regard, the conditions under which a smart contract could be reset or instructed to stop or interrupted, should be clearly and transparently defined. Especially, it should be assessed under which conditions non-consensual termination or interruption should be permissible;"*

Tem-se como exemplo de regulamentação a Lei 14.478 de 2022, tal lei trata a respeito de diretrizes a serem observadas na prestação de serviços de ativos virtuais, ou seja, trata a respeito da regulamentação das *exchanges*[337] em território nacional.[338]

Um ponto importante desta lei foi a definição de ativos virtuais (comumente utilizados como meio de trocas em *smart contracts* descentralizados), sendo estes compreendidos como:

> [...] a representação digital de valor que pode ser negociada ou transferida por meios eletrônicos e utilizada para realização de pagamentos ou com propósito de investimento, não incluídos:
> I - moeda nacional e moedas estrangeiras;
> II - moeda eletrônica, nos termos da Lei nº 12.865, de 9 de outubro de 2013;
> III - instrumentos que provejam ao seu titular acesso a produtos ou serviços especificados ou a benefício proveniente desses produtos ou serviços, a exemplo de pontos e recompensas de programas de fidelidade; e
> IV - representações de ativos cuja emissão, escrituração, negociação ou liquidação esteja prevista em lei ou regulamento, a exemplo de valores mobiliários e de ativos financeiros.[339]

Além disso, tem-se o Voto 31/2023 do Banco Central do Brasil (Bacen), de 14 de fevereiro de 2023, ao qual dispõe sobre a tokenização de ativos financeiros, abordando inclusive a temática dos *smart contracts*.

---

[337]Uma *exchange*, neste contexto, é uma plataforma digital que permite a compra, venda e negociação de ativos virtuais, como moedas criptográficas, tais como o Bitcoin, Ethereum, etc.

[338]BRASIL. **Lei nº 14.478, de 21 de dezembro de 2022a**. Dispõe sobre diretrizes a serem observadas na prestação de serviços de ativos virtuais e na regulamentação das prestadoras de serviços de ativos virtuais; altera o Decreto-Lei nº 2.848, de 7 de dezembro de 1940 (Código Penal), para prever o crime de fraude com a utilização de ativos virtuais, valores mobiliários ou ativos financeiros; e altera a Lei nº 7.492, de 16 de junho de 1986, que define crimes contra o sistema financeiro nacional, e a Lei nº 9.613, de 3 de março de 1998, que dispõe sobre lavagem de dinheiro, para incluir as prestadoras de serviços de ativos virtuais no rol de suas disposições. Brasília, DF: Presidência da República [2022]. Disponível em: http://www.planalto.gov.br/ccivil_03/_ato2019-2022/2022/lei/L14478.htm. Acesso em: 24 abr. 2023. n.p.

[339]Ibidem.

A respeito de tal voto do Bacen, foi evidenciado que ativos tokenizados podem inclusive serem utilizados em aplicações descentralizadas, como são o caso dos *smart contracts*.[340]

Ademais, o voto do Bacen ressalta como benefício da tokenização a possibilidade de utilizar os *smart contracts* como uma nova forma de automação, de forma que o Real Digital[341] possa ter como ênfase em seu desenvolvimento de modelos inovadores com a incorporação de tecnologias "[...] como contratos inteligentes (*smart contracts*) e dinheiro programável, compatíveis com liquidação de operações por meio da "internet das coisas" (IoT);"[342]

Por fim, menciona-se o Projeto de Lei 954 de 2022[343] proposto pelo Deputado Luizão Goulart, que visa alterar o Código Civil para:

> [...] dispor sobre contratos estruturados sob definições para sua execução, no todo ou em parte, de modo automatizado e mediante emprego de plataformas eletrônicas e soluções tecnológicas que assegurem autonomia, descentralização e autossuficiência, dispensando intermediários para a implementação do acordo entre os contratantes ou garantir a autenticidade.

Cabe dizer que tais contratos mencionados no Projeto de Lei tratam-se dos *smart contracts*, de forma que o Projeto visa alterar o artigo 425 do Código Civil, evidenciando a validade dos *smart contracts*, bem como criar um art. 425 – A no Código Civil com a seguinte redação:

---

[340]BANCO CENTRAL DO BRASIL. **Voto 31/ 2023 – Bacen, de 14 de fevereiro de 2023.** Disponível em: https://www.bcb.gov.br/content/estabilidadefinanceira/real_digital_docs/voto_bcb_31_2023.pdf. Disponível em: 24 abr. 2023. p. 2-3.

[341] Em síntese, o real digital é um projeto que almeja criar a versão digital da moeda brasileira, ou seja, a moeda virtual oficial do Brasil.

[342]Ibid., p. 3.

[343]BRASIL. **Projeto de Lei 954 de 2022b.** Altera a Lei nº 10.406, de 10 de janeiro de 2002 (Código Civil), para dispor sobre contratos estruturados sob definições para sua execução, no todo ou em parte, de modo automatizado e mediante emprego de plataformas eletrônicas e soluções tecnológicas que assegurem autonomia, descentralização e autossuficiência, dispensando intermediários para a implementação do acordo entre os contratantes ou garantir a autenticidade. Disponível em:https://www.camara.leg.br/proposicoesWeb/prop_mostrarintegra?codteor=2159085&filename=PL%20954/2022. Acesso em: 24 abr. 2023. p. 1.

> Art. 425-A. Em caso de controvérsia ou litígio envolvendo a execução de contratos referidos no parágrafo único do caput do art. 425 desta Lei, a aplicação do direito dar-se-á mediante ponderação e balanceamento dos princípios e normas aplicáveis vigentes, buscando-se preservar: I – boas práticas de governança e abordagem baseada em riscos; e II – a solidez, eficiência e confiabilidade dos contratos e atos relativos à respectiva execução.[344]

Por derradeiro, a respeito do Projeto de Lei, destaca-se que sua justificativa ocorre em razão de (segundo o Deputado Luizão Goulart) ser necessário a alteração do Código Civil incluindo os *smart contracts* "[...] para que não pairem dúvidas acerca de sua licitude e da segurança jurídica dos negócios envolvidos [...]".[345]

No que tange ao panorama do Brasil, cabe relembrar que ao longo da pesquisa evidenciou-se que os *smart contracts* podem ser considerados como negócios jurídicos, em especial como contratos. Isto é, a tecnologia permite compreender que os *smart contracts* tratam-se de ferramentas tecnológicas, tais como as ferramentas que possibilitaram a existências dos contratos eletrônicos, logo, sendo suscetíveis a tal compatibilidade ao Direito Negocial.

Dessa forma, os *smart contracts* quando adequados à teoria contratual (dos contratos propriamente ditos) são vislumbrados como contratos. Sendo assim, no que tange às tendências legislativas do Brasil, busca-se que os *smart contracts* sejam compreendidos como contratos, consoante ao Projeto de Lei 954 de 2022 que (em mesmo sentido) busca garantir que não haja dúvidas acerca da compatibilidade dos *smart contracts* ao Direito Negocial.

---

[344]Ibidem.
[345]Ibid., p. 2.

6   CONCLUSÃO

Com o desenvolvimento exponencial da tecnologia, indubitavelmente o Direito tem como desafio a compreensão das inovações, nesse cenário inserem-se os *smart contracts*, que detêm o potencial teórico de transformar as contratações em ambiente virtual em razão de sua dinamicidade proporcionada pela autoexecução de acordos.

Desse modo, no primeiro capítulo ocorreu a investigação no que diz respeito a compreensão dos *smart contracts*, sendo identificado que tal tecnologia, embora receba o nome cuja tradução literal significa "contratos inteligentes", não se trata de uma tecnologia tão inteligente, por não haver nenhum processo decisório que denota inteligência (tal como a inteligência artificial) por parte de tal tecnologia.

Sendo assim, os *smart contracts* são meramente linguagens de computador (códigos) que formam acordos de vontades que serão autoexecutados por meio da lógica computacional (conhecida como condicionais ou silogismos hipotéticos), cujo teor (condições) fora previamente estabelecido em um sistema.

No que diz respeito a este sistema (no qual tal tecnologia se encontra estabelecida), verificou-se uma classificação em razão de diferenças substanciais no que se refere ao seu funcionamento. Tais diferenças, embora em grande parte das vezes sejam desprezadas pelos autores, tornam-se necessária de serem compreendidas, isto pois, não se é correto pressupor que todo *smart contract* se utiliza de plataformas descentralizadas.

Logo, o presente trabalho inova em classificar os *smart contracts* quando estes estejam em operação em um sistema centralizado (*smart contracts* centralizados) ou quando estes estejam em operação em um sistema descentralizado (*smart contracts* descentralizados).

O conceito de *smart contracts* centralizados tratam-se da tecnologia dos *smart contracts* de forma pura, isto é, da tecnologia operando em um sistema centralizado, sem associação à nenhuma tecnologia descentralizada, como a *blockchain* ou qualquer outro sistema de contabilidade distribuída.

Nos *smart contracts* centralizados, embora ocorra a autoexecução, esta se encontra passível de intervenção do judiciário. Isto porque, a plataforma que autoexecuta os acordos, não se trata de um ente ausente de intermediários, logo, estando os *smart contracts* centralizados passíveis no que se refere ao impedimento ou mesmo a interrupção de sua autoexecução (incluindo-se o devido controle por meio da tutela jurisdicional).

Por outro lado, os *smart contracts* descentralizados tratam-se de *smart contracts* que são autoexecutados em plataformas descentralizadas (tendo, como exemplo, a plataforma de *blockchain* da *Ethereum*), que fazem parte de um ecossistema descentralizado, ausente (isto tecnicamente) de intervenção, logo, possibilitando situações de ineficácia da tutela jurisdicional.

Por esta razão, ao contrário dos *smart contracts* centralizados, os *smart contracts* descentralizados não podem (em regra) sofrer interferências externas, como, exemplo, um bloqueio judicial, isto em razão de sua tecnologia estar totalmente imersa no ecossistema descentralizado, que é o mesmo utilizado pelos criptoativos e pela Web 3.0.

Ademais, as implementações práticas dos *smart contracts* (em especial na área imobiliária, financeira e logística) mostram-se promissoras, sendo que seu uso aparenta ser uma revolução em relação aos processos tradicionais, por conta de sua sistematização (proveniente da autoexecução), que garante uma otimização das transações, redução de custos operacionais e aumento da confiabilidade dos dados manejados.

Em conclusão ao primeiro capítulo, para se compreender os *smart contracts* de forma útil ao Direito (que posteriormente será utilizado para compreensão à luz da Teoria do Direito Negocial), deve-se levar em conta os aspectos práticos de seu funcionamento, logo, os *smart contracts* (sejam eles centralizados ou descentralizados), se verificados no caso concreto que preenchem os requisitos do direito contratual, estariam juridicamente dentro da classificação de contrato eletrônico (*e-contract*), todavia, o inverso não se faz verdadeiro, de forma que nem todo contrato eletrônico seja um *smart contract*.

Adentrando ao segundo capítulo, ao qual os *smart contracts* foram analisados sob a ótica da evolução do Direito Negocial (perpassando pelo paradigma clássico, moderno e pós-moderno), teve-se como objetivo identificar se tal tecnologia poderia ser considerada como um negócio jurídico. Para tanto, foi necessário a divisão entre *smart contracts* centralizados e *smart contracts* descentralizados.

No que tange aos *smart contracts* centralizados, estes são considerados negócio jurídicos, isto, em razão dos mesmos, embora estejam em ambiente virtual, sejam indubitavelmente declarações de vontade, que se destinam a produzir efeitos que o agente pretende e que o direito reconhece.

De outro vértice, os *smart contracts* descentralizados não necessariamente são negócio jurídicos, isto, em razão de terem o potencial de produzir efeitos que o direito não reconhece. Logo, nem todo *smart contract* pode ser considerado como negócio jurídico, sendo necessário a análise do caso concreto a fim de observar se os mesmos produzem efeitos que o agente pretende e que o direito reconhece.

No que se refere ao terceiro capítulo, os *smart contracts* foram compreendidos à luz da Teoria Contratual, sendo analisado a escada Ponteana (plano da existência, validade e eficácia), as hipóteses de violação da escada Ponteana (inexistência, invalidade e ineficácia), posteriormente tópicos relativos à sua autoexecução, autotutela e tutela jurisdicional. Ao final, foi analisado sua natureza jurídica, investigando se os *smart contracts* possuem a natureza jurídica de contrato, isto é, se os mesmos se tratam ou não de contratos propriamente ditos.

A respeito da Escada Ponteana, iniciando-se pela existência, identificou-se que os *smart contracts* podem preencher tal pilar do negócio jurídico, pois, o *smart contract* trata-se de uma tecnologia que exprime sua manifestação por meio da linguagem computacional, que indubitavelmente pode ser compreendida pelo ser humano (sendo um meio apto de manifestação), bem como, detém a capacidade de produção de efeitos na realidade fática.

Adentrando na validade, tem-se que os *smart contracts* por se tratarem de uma ferramenta (um meio) poder-se-iam se adequar a tal pilar (do plano da validade). No entanto, cabe parcimônia na adequação de alguns pontos, isto pois, o *smart contract* em sua modalidade descentralizada, tem o potencial de produzir efeitos ainda que o negócio jurídico não seja válido.

Sobre a eficácia, os *smart contracts* possuem a plena possibilidade de adequação a tal plano, incluindo-se os *smart contracts* descentralizados, haja vista que bastaria que os mesmos (*smart contracts* centralizados e descentralizados) seguissem as regras atinentes a tal plano.

A respeito das hipóteses de violação da escada Ponteana, iniciando-se pela inexistência, tem-se que os *smart contracts* relacionados com o ato inexistente, tratar-se-ia de um *smart contract* que sequer chegou a existir, por exemplo, um *smart contract* com erros em seus códigos que tornaram impossível sequer a sua inicialização.

Adentrando na invalidade, o *smart contracts* inválidos (sejam eles nulos ou anuláveis), seguiriam as hipóteses determinadas expressamente em lei (tal como em qualquer outro contrato). Portanto, nos *smart contracts* centralizados não haveriam grandes percalços, aplicando-se o mesmo que ocorre nos negócios jurídicos do mundo real. Todavia, caso tratem-se de *smart contracts* descentralizados, haveriam percalços em razão de ocorrem em ambiente virtual descentralizado, ou seja, onde não haveria a possibilidade técnica de interrupção dos efeitos negócio.

Sobre a ineficácia, faz-se possível observar que ao que tange aos *smart contracts* centralizados tais consequências (dos negócios ineficazes) são plenamente possíveis de serem aplicadas, haja vista que não divergem dos demais contratos. Contudo, nos *smart contracts* descentralizados em razão do fenômeno da descentralização, mesmo um contrato ineficaz (seja ele total ou parcial) iria ter plena produção de efeitos.

Ademais, referente aos tópicos relativos a autoexecução, autotutela e tutela jurisdicional dos *smart contracts*, observou-se que a autoexecução dos *smart contracts* não pode ser comparada com a autotutela, pois na autotutela pressupõe-se uma negação, resistência ou insatisfação na prestação, fatos estes que não ocorrem nos *smart contracts*.

Logo, o que se observa nos *smart contracts* é uma autotutela preventiva, em razão dos mecanismos do sistema dos *smart contracts* gerarem maneiras que impossibilitam a ocorrência de uma negação, resistência ou insatisfação da obrigação, tornando-se inviável tecnicamente o descumprimento de um *smart contract*.

Outrossim, menciona-se a semelhança dos *smart contracts* com a cláusula *solve et repete*, isto pois, ambos se tratam de negócios jurídicos (sendo a cláusula solve et repete um negócio jurídico processual), e em ambos o contrato é cumprido, mesmo havendo discordância. Todavia, o smart contract descentralizado, diferente da cláusula *solve et repete*, possui o fenômeno da execução automática do contrato em seu próprio sistema, enquanto na cláusula *solve et repete* faz-se necessário a execução judicial.

No que tange a tutela jurisdicional, fez-se necessário mais uma vez a divisão dos *smart contracts* em *smart contracts* centralizados e *smart contracts* descentralizados. No caso dos centralizados, a tutela jurisdicional ocorrerá da forma tradicional, tais como os contratos propriamente ditos, já no caso dos descentralizados não poder-se-á falar em eficácia de tal tutela, isto em razão dos mecanismos descentralizadores, que trazem como consequência a ineficácia estatal.

Sendo assim, mesmo a tutela jurisdicional sendo totalmente viável teoricamente perante os *smart contracts* descentralizados, na prática terá como consequência a ineficácia, ou seja, poder-se-á ter uma decisão favorável para um autor, todavia, tal decisão não terá efetividade, em razão das barreiras impostas pelo mundo descentralizado, tal como a questão dos imbróglios da penhora de criptoativos.

Por fim, a respeito da natureza jurídica, foi identificado que os *smart contracts* tratam-se de um negócio jurídico, especificamente de um contrato, sendo vislumbrado como uma espécie de contrato eletrônico. Ou seja, fazendo uma analogia com a taxonomia, os smart contracts fazem parte da família dos negócios jurídicos, do gênero contrato, e da espécie contrato eletrônico.

Destaca-se que, os *smart contracts* podem ser compreendidos como ferramentas que podem ser utilizadas para elaborar negócios jurídicos, não se tratando de um instituto jurídico *sui generis*, mas sim de uma nova forma de efetivar um instituto jurídico antigo, conhecido como contrato. Todavia, nem todo *smart contract* trata-se de um contrato, pois é necessário a adequação do acordo de vontades (que se utiliza do *smart contract* como meio para ser exteriorizado) aos elementos do negócio jurídico, de forma que um *smart contract* somente será um contrato se preenchido os elementos da Escada Ponteana (existência, validade e eficácia).

Por derradeiro, no quarto capítulo foi realizado uma visão dos *smart contracts* frente à alguns ordenamentos jurídicos e projetos de lei, a saber: a) ao ordenamento jurídico dos Estados Unidos, b) da União Europeia e, c) do Brasil. Tal panorama teve como finalidade observar as tendências no que se referem ao tema, no que diz respeito a tais ordenamentos.

No que se refere aos Estados Unidos, em alguns Estados os *smart contracts* já possuem equiparação aos contratos propriamente ditos, e em outros Estados aguarda-se a regulamentação no que se refere ao tema, sendo que, dos projetos em trâmite, grande parte buscam tal equiparação dos *smart contracts* aos contratos.

A respeito do panorama da União Europeia, identificou-se um projeto de Lei (nomeado de *Data Act*) que embora queira equiparar os *smart contracts* aos contratos propriamente ditos (que parte da doutrina da Europa chama de regulamentação indireta), busca alterar a característica principal dos *smart contracts* descentralizados. Isto é, almejam que todos os *smart contracts* tenham cláusulas (em formato de código de computador) capazes de impedir (ou mesmo interromper) sua autoexecução.

Todavia, tal objetivo do Projeto de Lei tende a não ter efetividade na prática, haja vista que os *smart contracts* descentralizados estão imunes (tecnicamente) ao controle de Estados em razão de suas tecnologias descentralizadoras. Logo, cabe questionar se o desdobramento de tal Projeto de Lei, iria trazer como consequência uma eventual ilegalidade do uso de tais *smart contracts* descentralizados.

No que se refere ao panorama do Brasil, há uma tendência de caminhar em mesmo sentido que os Estados Unidos, equiparando os *smart contracts* aos contratos propriamente ditos. Identifica-se tal tendência no Projeto de Lei 954 de 2022, que busca garantir que não restem dúvidas acerca da compatibilidade dos *smart contracts* ao Direito Negocial, logo, equiparando-os aos contratos propriamente ditos.

Em conclusão ao quarto capítulo, embora haja uma escassez de regulamentações (ou mesmo iniciativas de regulamentações) no que tange aos *smart contracts*, foi possível observar um ponto em comum nos países analisados: a tendência em equiparar os *smart contracts* aos contratos propriamente ditos.

Por fim, no que tange a dissertação, cabe responder o seguinte questionamento: os *smart contracts* tratam-se de algo *sui generis* ou de uma evolução do contrato?

Após o caminho trilhado ao longo dos capítulos, tem-se como resposta que os *smart contracts* (desde que consoantes ao Direito Negocial) tratam-se de uma evolução ao contrato propriamente dito.

Ou seja, tal como os contratos eletrônicos, que evoluíram dos contratos tradicionais (contratos propriamente ditos) viabilizando a contratação por meio da informática, os *smart contracts* também são uma evolução, viabilizando a autoexecução, que traz ainda mais dinamicidade aos contratantes.

Sendo assim, confirmando a hipótese, bem como a expectativa de resultado, verificou-se que os *smart contracts* são compatíveis com o Direito Negocial, isto porque, tais "contratos inteligentes" ao seguirem as regras preceituadas pelo Direito Negocial (preenchendo os pressupostos e requisitos do negócio jurídico) tornam-se compatíveis, logo, demonstrando-se como evolução aos contratos.

REFERÊNCIAS

ALMEIDA, Carlos Ferreira de. Invalidade, inexistência e ineficácia. **Católica Law Review**, Lisboa, v. 1, n. 2, p. 9-33, 2017. Disponível em: https://revistas.ucp.pt/index.php/catolicalawreview/article/view/1980. Acesso em: 24 abr. 2023.

ALVIM, José Eduardo Carreira. **Teoria Geral do Processo**. 24 ed. Rio de Janeiro: Forense, 2022.

AMARAL, Ana Claudia Corrêa Zuin Mattos do; FERREIRA, Jussara Borges. Negócio Jurídico e Juízo Arbitral: Modulação da autonomia da vontade e da autonomia privada. In: MUNIZ, Tânia Lobo (coord.); ARAUJO JUNIOR, Miguel Etinguer de (coord.) **Estudos em Direito Negocial e os mecanismos contemporâneos de resolução de conflitos**. 1 ed. Birigui: Boreal Editora, 2015. 224 p.

AMARAL, Ana Claudia Corrêa Zuin Mattos do; HATOUM, Nida Saleh.; HORITA, Marcos Massashi. O paradigma pós-moderno do negócio jurídico e a necessidade de uma nova concepção na contemporaneidade. **Scientia Iuris**, *[S. l.]*, v. 21, n. 2, p. 261–297, 2017. DOI: 10.5433/2178-8189.2017v21n2p261. Disponível em: https://ojs.uel.br/revistas/uel/index.php/iuris/article/view/28454. Acesso em: 24 abr. 2023.

AMARAL, Ana Cláudia Corrêa Zuin Mattos; PONA, Ewerton Willian. A vida numa casca de noz? A insuficiência do conceito de direito subjetivo e a potencialidade das situações jurídicas como categoria base para aplicação do direito e realização da autonomia privada. *In*: Pona, Everton Willian; Amaral, Ana Cláudia Corrêa Zuin Mattos do; Martins, Priscila Machado. (Org.). **Negócios Jurídicos e Liberdades Individuais**: Autonomia Privada e situações jurídicas existenciais. Juruá Editora, 2016, v. 1, p. 21-74.

AMARAL, Francisco. **Direito Civil**: introdução. 10 ed. São Paulo: Saraiva Educação, 2018.

ASHFORD, Kate. *What is Cryptocurrency*. **Forbes Advisor**, Jersey City, 16 fev. 2023, 10:52. Disponível em: https://www.forbes.com/advisor/investing/cryptocurrency/what-is-cryptocurrency/. Acesso em: 1 abr. 2023.

AZEVEDO, Antônio Junqueira de. **Negócio Jurídico**: existência, validade e eficácia. São Paulo: Saraiva, 2002.

BANCO CENTRAL DO BRASIL. **Voto 31/ 2023 – Bacen, de 14 de fevereiro de 2023**. Disponível em: https://www.bcb.gov.br/content/estabilidadefinanceira/real_digital_docs/voto_bcb_31_2023.pdf. Disponível em: 24 abr. 2023.

BARBAGALO, Érica Brandini. **Contratos eletrônicos:** contratos formados por meio de redes de computadores: peculiaridades jurídicas da formação do vínculo. São Paulo: Saraiva, 2001. 100 p.

BARBOSA, Haroldo Camargo. Princípios contratuais na teoria clássica e na Pós-modernidade. **Revista do Direito Privado da UEL**, Londrina, v.1, n.2, p. 1-14, 2005. Disponível em: https://www.uel.br/revistas/direitoprivado/artigos/Princ%C3%ADpiosTCl%C3%A1ssicaHaroldoCamargo.pdf. Acesso em: 1 abr. 2023.

BARLOW, John Perry. **A declaration of the independence of Cyberspace**. 1996. Disponível em: https://scholarship.law.duke.edu/cgi/viewcontent.cgi?article=1337&context=dltr. Acesso em: 01 abr. 2023.

BETTI, Emilio. **Teoria Geral do Negócio Jurídico.** 1 ed. v. 3. Coimbra: Imprenta, 1969.

BRASIL. **Lei nº 10.406, de 10 de janeiro de 2002**. Institui o Código Civil. Brasília, DF: Presidência da República [2002a]. Disponível em: https://www.planalto.gov.br/ccivil_03/leis/2002/l10406compilada.htm. Acesso em: 01 abr. 2023.

BRASIL. **Lei nº 14.478, de 21 de dezembro de 2022**. Dispõe sobre diretrizes a serem observadas na prestação de serviços de ativos virtuais e na regulamentação das prestadoras de serviços de ativos virtuais; altera o Decreto-Lei nº 2.848, de 7 de dezembro de 1940 (Código Penal), para prever o crime de fraude com a utilização de ativos virtuais, valores mobiliários ou ativos financeiros; e altera a Lei nº 7.492, de 16 de junho de 1986, que define crimes contra o sistema financeiro nacional, e a Lei nº 9.613, de 3 de março de 1998, que dispõe sobre lavagem de dinheiro, para incluir as prestadoras de serviços de ativos virtuais no rol de suas disposições. Brasília, DF: Presidência da República [2022]. Disponível em: http://www.planalto.gov.br/ccivil_03/_ato2019-2022/2022/lei/L14478.htm. Acesso em: 24 abr. 2023.

BRASIL. **Lei nº 3.071, de 1º de janeiro de 1916**. Código Civil dos Estados Unidos do Brasil. Brasília, DF: Presidência da República [1916]. Disponível em: https://www.planalto.gov.br/ccivil_03/leis/l3071.htm. Acesso em: 24 abr. 2023.

BRASIL. **Lei nº 5.172, de 25 de outubro de 1966**. Dispõe sobre o Sistema Tributário Nacional e institui normas gerais de direito tributário aplicáveis à União, Estados e Municípios. Brasília, DF: Presidência da República [1966]. Disponível em: http://www.planalto.gov.br/ccivil_03/leis/l5172compilado.htm. Acesso em: 24 abr. 2023.

BRASIL. **Projeto de Lei 954 de 2022.** Altera a Lei nº 10.406, de 10 de janeiro de 2002 (Código Civil), para dispor sobre contratos estruturados sob definições para sua execução, no todo ou em parte, de modo automatizado e mediante emprego de plataformas eletrônicas e soluções tecnológicas que assegurem autonomia, descentralização e autossuficiência, dispensando intermediários para a implementação do acordo entre os contratantes ou garantir a autenticidade. Disponível em:https://www.camara.leg.br/proposicoesWeb/prop_mostrarintegra?co dteor=2159085&filename=PL%20954/2022. Acesso em: 24 abr. 2023.

BRENER, Demian. *Smart Contracts You Already Signed.* **OpenZeppelin**. [S. l], 22 jul. 2016. Disponível em: https://blog.openzeppelin.com/smart-contracts-you-already-signed-2930aee9dacc/. Acesso em: 1 abr. 2023.

BYBIT. *How are Ricardian Contracts Different From Smart Contracts? **ByBit Learn**.* [S.l]: 3 dez. 2021.Disponível em: https://learn.bybit.com/defi/how-are-ricardian-contracts-different-from-smart-contracts/. Acesso em: 15 mar. 2023.

CABRAL, Antonio do passo. Pactum de non petendo: a promessa de não processar no direito brasileiro. **Revista do Ministério Público do Estado do Rio de Janeiro**, v.1 n.78, p. 19 – 44, 2020. Disponível em: https://www.mprj.mp.br/documents/20184/2026467/Antonio_do_Passo _Cabral.pdf. Acesso em: 9 jul. 2023.

CALDAS, Rômulo Inácio da Silva. Oferta inicial de "criptomoedas" no Brasil: tokens como valores mobiliários. *In*: FERNANDES, Ricardo Vieira de Carvalho; CARVALHO, Ângelo Gamba Prata de (Coord.). **Tecnologia jurídica & direito digital**: II Congresso Internacional de Direito, Governo e Tecnologia - 2018. Belo Horizonte: Fórum, 2018, p. 241-248.

CASETEXT. **Wyo. Stat. § 17-31-106**. 2022. Disponível em: https://casetext.com/statute/wyoming-statutes/title-17-corporations-partnerships-and-associations/chapter-31-decentralized-autonomous-organization-supplement/article-1-provisions/section-17-31-106-articles-of-organization. Acesso em: 1 set. 2022.

CASTRO, Paulo Roberto Ciola de. **Direito Civil**: negócio jurídico. Londrina: Editora e Distribuidora Educacional S.A, 2018.

CFTC. **Release Number 7847-18**. 2018. Disponível em: https://www.cftc.gov/PressRoom/PressReleases/7847-18. Acesso em: 23 abr. 2023.

CHOI, Constance; DE FILIPPI, Primavera; DUDLEY, Rick; ELRIFAI, Silke Noa; FANNIZADEH, Fatemeh; GUILLAUME, Florence; LEITER, Andrea; MANNAN, Morshed, MCMULLEN, Greg; RIVA, Sven; SHIMONY, Ori. *Model Law for Decentralized Autonomous Organizations (DAOS)*. 2021. Disponível em: https://coala.global/reports/#1623963887316-6ce8de52-e0a0. Acesso em: 23 jun. 2022.

CLACK, Christopher; BAKSHI, Vikram; BRAINE, Lee. *Smart Contract Templates: foundations, design landscape and research directions*. Londres: Bank PLC, 2016. Disponível em: https://arxiv.org/pdf/1608.00771v2.pdf. Acesso em: 1 abr. 2023. 15 p.

CONSELHO DA JUSTIÇA FEDERAL. **Enunciado n. 410 da V Jornada de Direito Civil do CJF**. 2002. Disponível em: https://www.cjf.jus.br/enunciados/enunciado/214. Acesso em: 24 abr. 2023.

COOK, Hudson. *Implications of New York Starter Interrupt Device Law Remain Unclear*. 2018. Disponível em: https://www.lexology.com/library/detail.aspx?g=2edcf05b-4afa-4bc7-8714-7c788350995d. Acesso em: 23 abr. 2023.

DAVID, René. **Os grandes sistemas do direito contemporâneo**. 2 ed. Lisboa: Editora Meridiano, 1978. 638 p.

OLIVEIRA, Ana Carolina Borges de. Diferenças e semelhanças entre os sistemas da Civil Law e da Common Law. **Constituição, Economia e Desenvolvimento**: Revista da Academia Brasileira de Direito Constitucional. Curitiba, 2014, vol. 6, n. 10, jan.-jun. p. 43-68. Disponível em: https://www.abdconst.com.br/revista11/diferencasAna.pdf. Acesso em: 24 abr. 2023.

DINIZ, Maria Helena. **Curso De Direito Civil Brasileiro**: Teoria Geral do Direito Civil. 40 ed. São Paulo: Saraiva Jur, 2023.

DUBKE, Alessandra Fraga; FERREIRA, Fabio Romero Nolasco; PIZZOLATO, Nélio Domingues. **Plataformas Logísticas**: características e tendências para o Brasil. 2004. Disponível em:https://abepro.org.br/biblioteca/ENEGEP2004_Enegep0112_0549.pdf. Acesso em: 1 abr. 2023.

EUROPEAN PARLIAMENT. *Report on the proposal for a regulation of the European Parliament and of the Council on harmonised rules on fair access to and use of data (Data Act)*. 2023. Disponível em: https://www.europarl.europa.eu/doceo/document/A-9-2023-0031_EN.html. Acesso em: 23 abr. 2023.

EUROPEAN UNION. *How the European Union works: A citizen's guide to the EU institutions*. 2003. Disponível em: http://aei.pitt.edu/13547/1/13547.pdf. Acesso em: 23 abr. 2023.

Gabel, Matthew J. *European Union*: European organization. 2023. Disponível em: https://www.britannica.com/topic/European-Union. Acesso em: 23 abr. 2023.

GARCIA JUNIOR, Vanderlei. **Negócio Jurídico**. São Paulo: Expressa, 2022.

GOMES, Orlando. **Contratos**. 28. ed. Rio de Janeiro: Forense, 2022.

GOVERNATORI, Guido; RIVERET, Regis; SARTOR, Giovanni. *On Legal Contracts, Imperative and Declarative Smart Contracts, and Blockchain Systems. Artificial Intelligence and Law*. v. 26, n. 4, 5 mar. 2018. p. 377-400. Disponível em: https://link.springer.com/article/10.1007/s10506-018-9223-3. Acesso em: 10 mar. 2023.

GRIGG, Ian. *On the intersection of Ricardian and Smart Contracts*. 2015. Disponível em:

https://iang.org/papers/intersection_ricardian_smart.html. Acesso em: 1 abr. 2023.

GRIGG, Ian. ***The Ricardian Contract***. 1996. Disponível em: https://iang.org/papers/ricardian_contract.html. Acesso em 1 abr. 2023.

HASSAN, Samer; DE FILLIPI, Primavera. *Decentralized Autonomous Organization*. **Internet Policy Review**, Berlim, v.10, n. 2, p. 1- 10, abr. 2021. Disponível em: https://policyreview.info/pdf/policyreview-2021-2-1556.pdf Acesso em: 1 set. 2022.

HUNTINGTON, Marie. ***What Are the UCC Principles of Good Faith & Reasonableness for Sales Contracts***? 2014. Disponível em: https://smallbusiness.chron.com/ucc-principles-good-faith-reasonableness-sales-contracts-80664.html. Acesso em: 24 abr. 2023.

JACCARD, Gabriel. ***Smart Contracts and the Role of Law***. 2017. Disponível em: https://papers.ssrn.com/sol3/papers.cfm?abstract_id=3099885. Acesso em: 1 abr. 2023.

KERIKMÄE, Tanel; RULL, Addi. *The Future of Law and e Technologies*. *In*: KOLVART, Merit; POOLA, Margus; RULL, Addi. **Smart Contracts**. Nova Iorque: Springer, 2016. p. 133-147.

KIMPEL, Scott; ADCOCK, Christopher. ***The State of Smart Contract Legislation***. 2018, Disponível em: https://www.blockchainlegalresource.com/2018/09/state-smart-contract-legislation/. Acesso em: 23 abr. 2023.

KOTHARI, *et al*. ***Smart Contract for Real Estate Using Blockchain*** 2006. Disponível em: https://papers.ssrn.com/sol3/papers.cfm?abstract_id=3565497. Acesso em: 1 abr. 2023.

LABCFTC. ***Digital Assets Primer***. 1 ed. CFTC, 2020. Disponível em: https://www.cftc.gov/media/5476/DigitalAssetsPrimer/download. Acesso em:15 abr. 2023.

LÊDO, Ana Paula Ruiz; SABO, Isabela Cristina; AMARAL, Ana Cláudia Corrêa Zuin Mattos do. Existencialidade humana: o negócio jurídico na visão pós-moderna. **Civilistica.com.** Rio de Janeiro, a. 6, n. 1, 2017. Disponível em: https://civilistica.emnuvens.com.br/redc/article/view/285. Acesso em: 24 abr. 2023.

LESSIG, Lawrence. *The Laws of Cyberspace. In:* **Taiwan Net' 98 Conference**. Taipei, mar. 1998. 16 p. Disponível em: https://cyber.harvard.edu/works/lessig/laws_cyberspace.pdf. Acesso em: 1 abr. 2023.

LEVI, Stuart D.; LIPTON, Alex B. *An Introduction to Smart Contracts and Their Potential and Inherent Limitations*. In: ***Harvard Law School Forum on Corporate Governance***. Disponível em: https://corpgov.law.harvard.edu/2018/05/26/an-introduction-to-smart-contracts-and-their-potential-and-inherent-limitations/. Acesso em: 15 fev. 2023.

LÉVY, Pierre. **Cibercultura**. 1 ed. São Paulo: Editora 34, 1999. 272 p.

LIMA, Caroline Melchiades Salvadego Guimarães de Souza; SANTOS, Pedro Henrique Amaducci Fernandes; MARQUESI, Roberto Wagner. Negócios jurídicos contemporâneos: a efetivação da dignidade da pessoa humana com alicerce nos contratos existenciais. **civilistica.com**, v. 7, n. 3, p. 1-24, 16 dez. 2018. Disponível em: https://civilistica.emnuvens.com.br/redc/article/view/373. Acesso em: 24 abr. 2023.

LUCHIARI, Valeria Ferioli Luchiari. **Mediação Judicial**: Análise da Realidade Brasileira. Rio de Janeiro: Forense, 2012.

MAURYA, Vivek. *A comparison between civil law countries and common law countries*. 2021. Disponível em: https://blog.ipleaders.in/a-comparison-between-civil-law-countries-and-common-law-countries/. Acesso em: 23 abr. 2023.

MELLO, Marcos Bernardes de. **Teoria do fato jurídico**: plano da validade 16. ed. São Paulo: Editora Saraiva, 2022.

MERCADO LIVRE. **Full**: O envio mais rápido e seguro do Mercado Livre. Disponível em: https://www.mercadolivre.com.br/l/envios-full. Acesso em: 1 abr. 2023.

MIRANDA, Pontes de. **Tomo 1**: Mundo jurídico e Existência dos fatos jurídicos. São Paulo: Revista dos Tribunais, 2012a.

MIRANDA, Pontes de. **Tomo 4**: Validade. Nulidade. Anulabilidade. São Paulo: Revista dos Tribunais, 2012b.

MIRANDA, Pontes de. **Tomo 5**: Eficácia jurídica. Determinações inexas e anexas. Direitos. Pretensões. Ações. São Paulo: Revista dos Tribunais, 2012c.

MUSARAJ, Adanela. *Ricardians Contracts*. 2022. Disponível em: https://me.eui.eu/adanela-musaraj/blog/ricardian-contracts/. Acesso em: 1 abr. 2023.

NAKAMOTO, Satoshi. Bitcoin: *A Peer-to-Peer Electronic Cash System*. [S. l]: **Bitcoin**, 31 out. 2008. Disponível em: https://bitcoin.org/bitcoin.pdf. Acesso em: 1 abr. 2023.

NALIN, Paulo. **Do Contrato**: Conceito Pós-Moderno: Em busca de sua formulação na perspectiva civil constitucional. 2 ed. Curitiba: Juruá Editora, 2006. 272 p.

NCSL. **Blockchain 2021 Legislation**. 2021. Disponível em: https://www.ncsl.org/financial-services/blockchain-2021-legislation. Acesso em: 23 abr. 2023.

NEGREIROS, Tereza. **Teoria do contrato:** novos paradigmas. 2. ed. Rio de Janeiro: Renovar, 2006.

MARTINS, Ricardo Evandro dos Santos. História da tradição da civil law e a questão do direito processual brasileiro: um breve ensaio sobre a nossa proximidade com a common Law. **Revista Acadêmica Escola Superior do Ministério Público do Ceará**, v.11 n.1, p. 195 – 211, 2019. Disponível em: https://revistaacademica.mpce.mp.br/revista/article/view/72. Acesso em: 9 jul. 2023.

OLIVEIRA, Jordan Vinícius; LOPES, Marília Carneiro da Cunha, Considerações sobre Anonimato, Pseudoanonimato e Criptomoedas. **Revista Eletrônica Direito e Sociedade**. v. 9, n. 1, p. 159-176, 2021. Disponível em: https://revistas.unilasalle.edu.br/index.php/redes/article/view/6749/pdf. Acesso em: 29 abr. 2022.

PEREIRA, Caio Mário da Silva. **Instituições de Direito Civil**: Introdução ao Direito Civil. Rio de Janeiro: Forense, 2011.

PERLINGIERI, Pietro. **O Direito Civil na Legalidade Constitucional**. Rio de Janeiro: Renovar, 2008.

RASKIN, Max. *The law and legality of smart contracts. In:* **Georgetown Law Technology Review**, Washington, v.1, n.2, p. 305-326, mar. 2017. Disponível em: https://georgetownlawtechreview.org/wp-content/uploads/2017/05/Raskin-1-GEO.-L.-TECH.-REV.-305-.pdf. Acesso em: 1 abr. 2023.

REIFF, Nathan. ***What Was the First Cryptocurrency***. Investopedia, Nova Iorque, 23 jul. 2022. Disponível em:

https://www.investopedia.com/tech/were-there-cryptocurrencies-bitcoin/. Acesso em: 1 abr. 2023.

RIBUS. **Introdução**. 2023. Disponível em: https://equipe.gitbook.io/ribus-whitepaper/. Acesso em: 1 abr. 2023.

RIZZARDO, Arnaldo. **Contratos**. 20. ed. Rio de Janeiro: Forense, 2022.

RODRIGUES, Horácio Wanderlei; LAMY, Eduardo de Avelar. *Teoria Geral do Processo*. 7 ed. Barueri – SP: Atlas, 2023.

ROMANOVITCH, Iara Cristina; ALCÂNTARA, Victor Hugo Oliveira; VIEIRA, Thiago André Marques. **Regulamentação e possibilidade de penhora judicial dos criptoativos**. 2022. Disponível em: https://editoramizuno.emnuvens.com.br/revista/article/download/10/14. Acesso em: 24 abr. 2023.

ROPPO, Enzo. **O contrato**. Coimbra: Almedina, 2009.

ROSENCRANCE, Linda. *What is peer-to-peer*. **TechTarget**, [S. l], nov. 2022. Disponível em: https://www.techtarget.com/searchnetworking/definition/peer-to-peer. Acesso em: 1 abr. 2023.

RTP. **O ato de legislar na União Europeia**. 2020. Disponível em: https://ensina.rtp.pt/artigo/o-ato-de-legislar-na-uniao-europeia/. Acesso em: 23 abr. 2023.

RUPARELIYA, Kamal. **How smart contracts are transforming banks and financial institutions**. 2021. Disponível em: https://www.businessofapps.com/insights/how-smart-contracts-are-transforming-banks-and-financial-institutions/. Acesso em: 1 abr. 2023.

SCHWAB, Klaus. *The Fourth Industrial Revolution*. 1 ed. Suíça: World Economic Forum, 2016. 192 p.

SCIARRETTA, Toni. **Ribus acelera tokenização imobiliária após consulta à CVM.** 2023. Disponível em: https://valor.globo.com/financas/criptomoedas/noticia/2023/01/03/ribus-acelera-tokenizao-imobiliria-aps-consulta-cvm.ghtml. Acesso em: 1 abr. 2023.

SIDHU, Inder; DOYLE, T.C. *The Digital Revolution*: *How Connected Digital Innovations Are Transforming Your Industry, Company & Career*. Nova Jersey: Pearson Education, 2016. 308 p.

SILVA, Rodrigo da Guia; SILVA, Jeniffer Gomes da. Cláusulas solve et repete: perspectivas de atuação da autonomia privada na (de)limitação das exceções oponíveis pelo devedor. **Revista Eletrônica da PGE-RJ**, [S. l.], v. 3, n. 1, 2020. Disponível em: https://revistaeletronica.pge.rj.gov.br/index.php/pge/article/view/109. Acesso em: 24 abr. 2023.

SOUZA, André Pagani de; CARACIOLA, Andrea Boari; ASSIS, Carlos Augusto de; FERNANDES, Luíz Eduardo Simardi; DELLORE, Luiz. **Teoria Geral do Processo Contemporâneo**. 5 ed. São Paulo: Atlas, 2021. 544 p.

SPARKES, Matthew. **Ford patents car that can repossess itself and drive back to showroom.** 2023. Disponível em: https://www.newscientist.com/article/2361657-ford-patents-car-that-can-repossess-itself-and-drive-back-to-showroom/. Acesso em: 23 abr. 2023.

STAZI, Andrea. **Smart Contracts and Comparative Law**: A Western Perspective. Nova Iorque: Springer, 2021.

SUMMERS, Robert S.; MCROBERTS, William G.; GOODHART, Arthur L., The Conceptualization of Good Faith in American Contract Law, *In*: SUMMERS, Robert S.; MCROBERTS, William G.; GOODHART, Arthur L. (Orgs.), **Essays in Legal Theory**, Dordrecht: Springer Netherlands, 2000, p. 299–319. Disponível em:

https://link.springer.com/chapter/10.1007/978-94-015-9407-3_13. Acesso em 24 abr. 2023.

SZABO, Nick. **Smart Contracts**: *Building Blocks for Digital Markets*. Amsterdã: Phonectic Sciences, 1996. Disponível em: https://www.fon.hum.uva.nl/rob/Courses/InformationInSpeech/CDRO M/Literature/LOTwinterschool2006/szabo.best.vwh.net/smart_contracts _2.html. Acesso em: 1 abr. 2023.

TALAMINI, Eduardo; CARDOSO, André Guskow. *Smart Contracts*, "Autotutela" e Tutela Jurisdicional. *In*: BELLIZE, Marco Aurélio (coord.); MENDES, Aluísio Gonçalves de Castro (coord.); ALVIM, Teresa Arruda (coord.); CABRAL, Trícia Navarro Xavier (coord.). **Execução Civil**: novas tendências. 1 ed. Indaiatuba: Editora Foco, 2022. 840 p.

TEIXEIRA, Tarcisio. **Direito Digital e Processo Eletrônico**. 7. ed. São Paulo: SaraivaJur, 2023. 816 p.

TEIXEIRA, Tarcisio; RODRIGUES, Carlos Alexandre. **Blockchain e criptomoedas**: aspectos jurídicos. 3. ed. Salvador: Editora JusPodivm, 2022. 320 p.

TEPEDINO, Gustavo; OLIVA, Milena Donato. *Fundamentos de Direito Civil*: *Vol I – Teoria Geral do Direito Civil*. Rio de Janeiro: Forense, 2021.

THEODORO JÚNIOR, Humberto; FIGUEIREDO, Helena Lanna. **Negócio Jurídico**. Rio de Janeiro: Forense, 2021.

ULRICH, Fernando. **A moeda na Era Digital**. 1 ed. São Paulo: Mises Brasil, 2014. 123 p.

UMUCU, Elif Hilal. **Solidity**: Smart Contract Language or Legal Contract Language. 2021. Disponível em:

https://papers.ssrn.com/sol3/papers.cfm?abstract_id=3916072. Acesso em: 1 abr. 2023.

VARMA, Kunal; JAIN, Aaishika. *Investing in Digital Currency in India.* **Forbes Advisor**, Jersey City, 24 mar. 2023, 12:37. Disponível em: https://www.forbes.com/advisor/in/investing/digital-currency-in-india. Acesso em: 1 abr. 2023.

VENOSA, Silvio de Salvo. **Direito Civil**: Parte Geral. 22 ed. Barueri – SP: Atlas, 2022.

VOLOS, A. A. **The Technology of Blockchain and Smart Contract and Their Regulation Under the Conflict of Laws of the European Union**. 2020. Disponível em: https://www.atlantis-press.com/proceedings/iscde-20/125947825. Acesso em: 23 abr. 2023.

WASHINGTON UNIVERSITY. **What is the Difference Between Common Law and Civil Law?** Disponível em: https://onlinelaw.wustl.edu/blog/common-law-vs-civil-law/. Acesso em: 24 abr. 2023.

WILSON, David Carl. *A guide to good reasoning*: Cultivating Intellectual Virtues. Minesota: Libraries, 2020. Disponível em: https://open.lib.umn.edu/goodreasoning/. Acesso em: 1 abr. 2023.

ZHANG, TianLin; LI, JinJiang; JIANG, Xinbo. Supply chain finance based on smart contract. **Procedia Computer Science**, Amsterdam v. 187, p. 12-17, 2021. Disponível em: https://www.sciencedirect.com/science/article/pii/S1877050921008048. Acesso em: 1 abr. 2023.

ZHENG *et al. An overview on smart contracts: Challenges, advances and platforms. Future Generation Computer Systems*, Amsterdam, v.105, n; p. 475-491, abr. 2020. Disponível em: https://www.sciencedirect.com/science/article/abs/pii/S0167739X19316280. Acesso em: 1 abr. 2023.

ANOTAÇÕES

Associação Guimarães de Estudos Jurídicos

A Associação Guimarães de Estudos Jurídicos - AGEJ, é um grupo dedicado à promoção e incentivo de pesquisas e publicações nas áreas do Direito. Desprovida de finalidades lucrativas ou partidárias, a AGEJ é um espaço criativo e democrático destinado ao desenvolvimento das competências de pesquisa científica.

A concepção e criação da associação se deu pelos irmãos Clayton Douglas Pereira Guimarães e Glayder Daywerth Pereira Guimarães que, insatisfeitos com o número oportunidades de publicação para graduandos e graduados, conjecturaram acerca da possibilidade de fomentar e incentivar a pesquisa por intermédio desse grupo.

Nesse sentido, com o intento de auxiliar novos autores a publicarem seus primeiros livros e participar de obras coletivas de forma profissional e com custos reduzidos, criaram a AGEJ.

Deseja publicar uma obra jurídica? Contate-nos por meio do nosso site.

Associação Guimarães de Estudos Jurídicos

Seattle – U.S.
Email: contato.agej@hotmail.com
Website: agej.com.br
Instagram: @agej.oficial